OHSAMA BUNKO

世界を動かすユダヤの陰謀

並木伸一郎

三笠書房

はじめに――世界が動くとき、そこには彼らの陰謀がある！

「ユダヤ人の陰謀論」――

それは、ユダヤ人が世界中の政治、金融、経済、軍事、情報を支配し、人類を陰から操っているとする、陰謀論のひとつだ。

いったいなぜ、**「ユダヤの陰謀」**は絶えることなく、語り続けられているのか。

それは、彼らが背負ってきた**「歴史的宿命」**に負うところが大きい。

モーセに率いられた「出エジプト」から、新バビロニア王国による「バビロン捕囚」、古代ローマ帝国による迫害にディアスポラと、彼らのたどってきた歴史は、まさに苦難の連続だった。

そんな〝亡国の民〟となって世界に四散した彼らの支えとなったのは、自らは神に選ばれた民族であるという**選民思想**と、**救世主（メシア）出現**への希望だという。

そんなユダヤ人は、自らの〝宿願〟を果たすためには手段を選ばない。

たとえば、ユダヤ系財閥は、その豊富な資金源とネットワークを使い、経済危機や戦争を自在に引き起こすという。なんと、**日本のバブル崩壊**や**リーマンショック**、さらには**世界恐慌**や**東西冷戦**までもが、ユダヤ人の謀略だという噂もある。

また、彼らが秘密結社**「フリーメイソン」**や闇の勢力**「イルミナティ」**とも裏でつながり、各国の政治、経済、メディアの中枢から世界を支配しているという恐怖に満ちた話もあるのだ。

本書では、ユダヤ人が背負った「歴史的宿命」を紹介しながら、ユダヤが企てる驚くべき陰謀の数々と、彼らの数千年にわたる〝宿願〟――「最終目的」について語っていこう。

恐ろしくも興味深い〝世界の裏側〟を、じっくりご堪能いただければ幸いである。

並木伸一郎

もくじ

1章

歴史に刻印された「ユダヤ人の宿命」
——すべてはここから始まった

2章

世界の金融、経済を操る〝陰の支配者〟

——ロスチャイルド、ロックフェラーの壮大な企みとは

3章

「戦争」の陰に〝謎の資本〟あり

――混乱に乗じて「富」を総取りする驚愕の手口

4章

仕組まれた戦慄の「洗脳計画」と「情報支配」

——メディアは彼らの〝都合のいいように〟操作されている！

5章

水面下で画策される「世界帝国の樹立」とは

——イルミナティ、フリーメイソン……脅威のネットワークの驚くべき陰謀

6章

日本人とユダヤ人をつなぐ「2人の救世主《メシア》」とは

――「預言された終末」が現出するシナリオ

編集協力：宇都宮ゆう子、出口優、藤木夢真
写真提供：並木伸一郎事務所、ＰＰＳ通信社（Rue des Archives, Heritage Images）、共同通信社、ロイター＝共同、ＵＰＩ＝共同、ＤＰＡ／共同通信イメージズ

1章

歴史に刻印された「ユダヤ人の宿命」

――すべてはここから始まった

なぜ「ユダヤ人の陰謀論」は絶えることなく語られるのか

ユダヤ人が世界的に見ても稀有な存在感を放つのは、彼らに課せられた〝亡国の宿命〟が要因のひとつであることは間違いない。

ここでは、『旧約聖書』で伝説的に語られる彼らの太祖アブラハムの時代から、史実にも残るユダヤ戦争終結までのイスラエル古代史、つまり古代ユダヤ教の時代の終焉までを簡単に見ていきたい。

なぜなら、この時代にこそ、「ユダヤの陰謀論」がまことしやかに語られる〝素地〟が生まれたからである。

「イスラエルの太祖」アブラハムはこうして神に認められた！

イスラエルの太祖であり、「信仰の父」といわれる**アブラハム**は、広大なメソポタミアの平原（ユーフラテス川下流の町ウル、現在のイラク南部）で遊牧生活を送っていた。

しかし、神の命令に従い、住み慣れた土地を離れ、一族と共にカナン（地中海とヨルダン川、死海に挟まれた地域、現在のパレスチナ）の地へ移住した。その後、飢饉にあい、エジプトに逃れたものの、再びカナンの地に戻ってくる。

アブラハムは、その妻サラとの間にイサクという息子を授かるが、イサクが大きくなったとき、神はアブラハムの信仰を試す試練を与えた。息子をいけにえとして差し出すよう求めたのだ。有名な**「イサクの燔祭《はんさい》」**である。

祭壇をつくり、まさに息子に手をかけようとした瞬間、神の使いが現われ、その手を止めた。

神への信仰の篤《あつ》さを証明したアブラハムとイサクは、子孫が星の数ほど増えること、また**地上のすべての民の勝利者となること**を告げられたのである。

アブラハムの息子イサクは、双子の男子エサウとヤコブを授かり、ヤコブはのちに12人の息子をもうけた。

そして、この12人の息子のうち10人と、十一男の子ども2人を加えた12人（長男ルベン、次男シメオン、四男ユダ、五男ダン、六男ナフタリ、七男ガド、八男アシェル、九男イサカル、十男ゼブルン、十二男ベニヤミンに、十一男ヨセフの子マナセとエフライム）は、**イスラエル十二支族**の祖と呼ばれ、今日のユダヤ人、イスラエル人の源流となったのである。

「イスラエルの祖」であるヤコブの息子のうち、十一男のヨセフは予知夢を見ることができ、その夢を解釈できるという特別な力があったという。その能力が原因で、ヨセフは兄たちの嫉妬を買い、井戸に突き落とされたり、隊商に売り飛ばされたりして、エジプトに連れて行かれることになってしまった。

しかし、エジプトの王ファラオが見た不思議な夢を「7年の大豊作のあとに、7年の大飢饉がくる」と見事に夢解きしたことで、ヨセフはエジプトで副王となり出世を

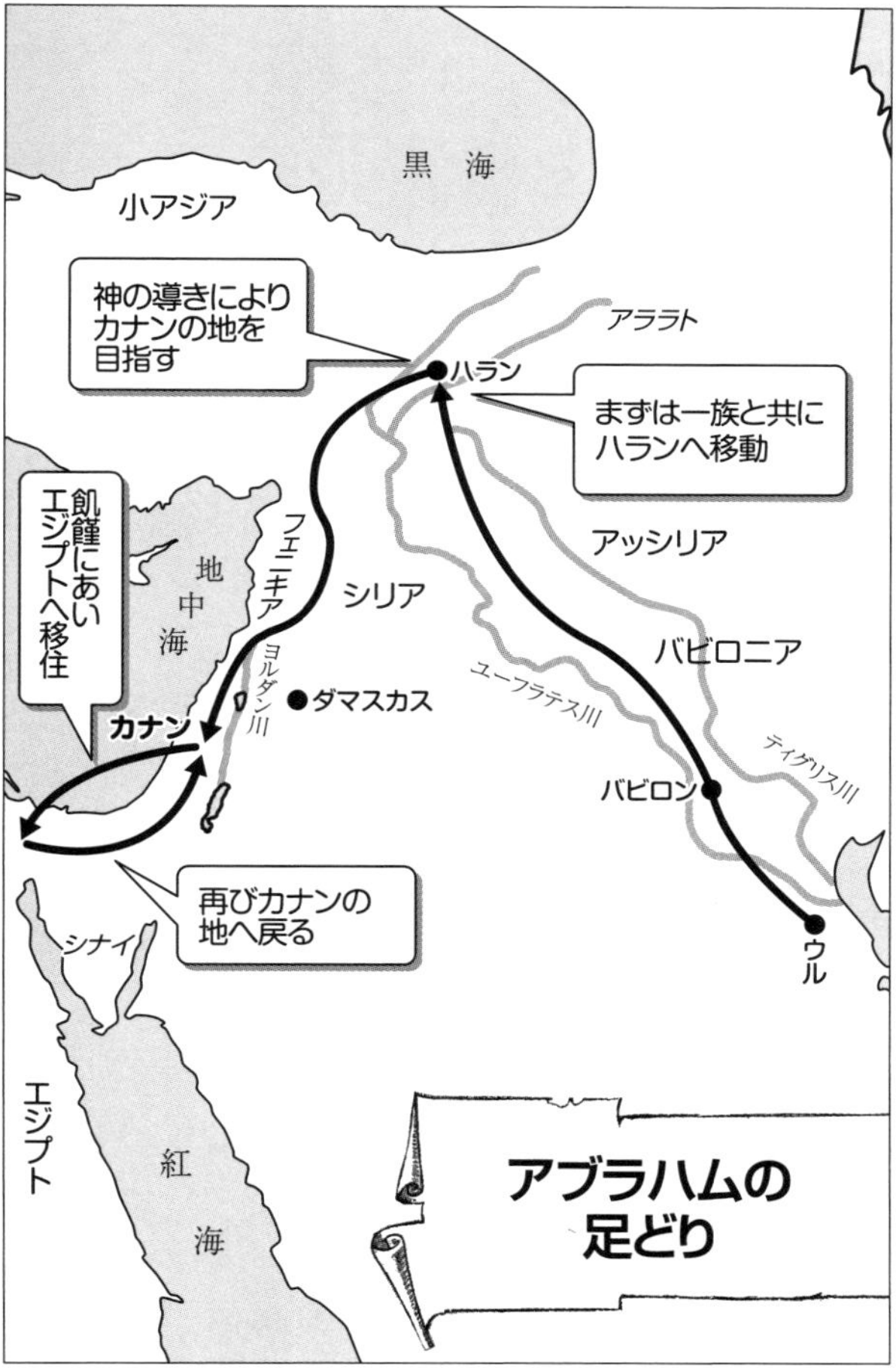
黒　海
小アジア
神の導きにより
カナンの地を
目指す
アララト
ハラン
まずは一族と共に
ハランへ移動
飢饉にあい
エジプトへ移住
地
中
海
フェニキア
シリア
アッシリア
バビロニア
ヨルダン川
ダマスカス
ユーフラテス川
カナン
ティグリス川
バビロン
再びカナンの
地へ戻る
シナイ
ウル
エジプト
紅
海
アブラハムの
足どり

果たす。また、のちに一族はエジプトへ移住することになり、そこでヨセフは兄たちと邂逅《かいこう》し、和解するのだ。

　このヤコブと12人の息子たちのエジプト移住で、『旧約聖書』の『創世記』は終わり、イスラエルの民の物語はいったん幕を閉じる。

エジプトからの〝大脱出〟の末に「約束」されたカナンの地

　イスラエルの民の物語が再び始まるのは、一族がエジプトへ移住してから数百年後、紀元前13世紀のことだとされている。

　エジプトに移住したイスラエルの民たちは、その数を増やしていった。しかし、エジプトを大飢饉から救ったのが、ヤコブの息子ヨセフだということを知らない世代になると、エジプトの人々は、イスラエル人たちを恐れ、迫害するようになる。

　ついにファラオはイスラエル人を奴隷の身分に落とし、人口抑制策として、生まれてきたイスラエル人の男子をナイル川に投げ捨てるよう勧告を出した。

　そんな彼らの前に現われたのが、神から召命を受けた**モーセ**であった。イスラエル

モーセはシナイ山で神の啓示を受け、「十戒」を与えられた

の人々は、彼こそが奴隷の屈辱を味わわされている自分たちを救う、待ち望んでいた**救世主（メシア）**だと確信した。

はたして紀元前１２９０年頃、モーセは、約60万人のイスラエルの人々を率いてエジプトを脱出した（**出エジプト**）。

だが、彼らを待ち受けていたのは、シナイ半島をあてどなくさまよい続ける、過酷な放浪の生活であった。

しかし、その彼らに神の加護は授けられる。シナイ山に差しかかったところで、**ヤハウェ神**がモーセに**「カナン（パレスチナ）の地を与える」**と約束し、同時に**「十《じっ》戒《かい》」**を授けたのだ。

こうしてイスラエル人たちは、ヨルダン

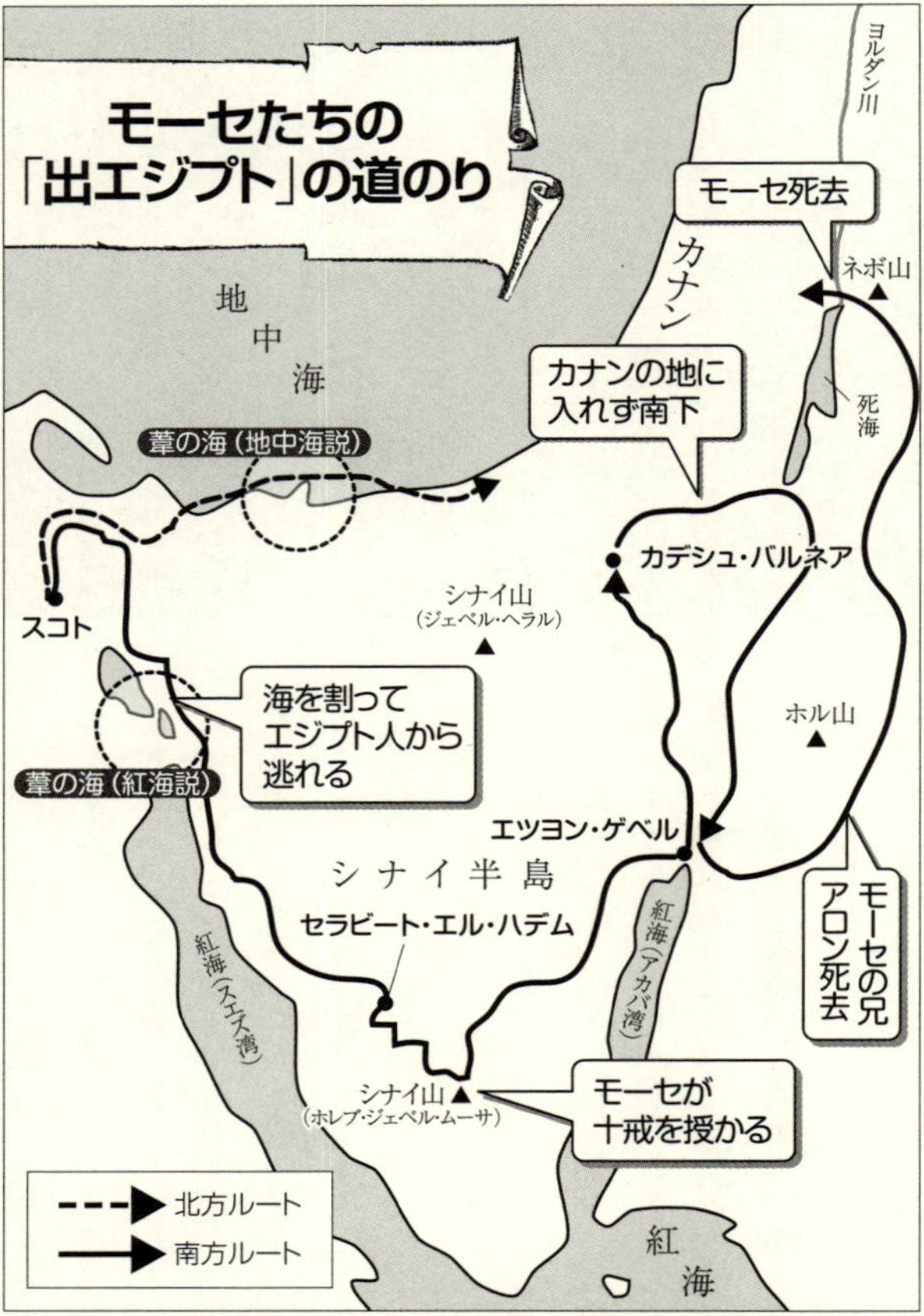

モーセたちの「出エジプト」の道のりには諸説あり、代表的なのが「南方ルート説」「北方ルート説」だ。モーセが割って歩いたという「葦の海」も、紅海と地中海のどちらかに説が分かれる。

川を渡り、約束の地を目指す。彼らがカナンへとたどりついたのは、出エジプトから実に40年後、紀元前1250年頃のことだった。

彼らが自らを「イスラエル人」と名乗るようになったのは、この頃といわれている。そして同時に、古代イスラエル王国の基礎が築かれたのである。

ダビデ、ソロモンの絶頂期と「第一神殿」の建造

やがて**ダビデ**が登場して古代イスラエルを統一し、紀元前1000年頃、歴史に名を残す**古代イスラエル王国**の繁栄の礎を築いた。

その後、紀元前10世紀、ダビデの子**ソロモン**の時に王国は絶頂期を迎え、エルサレムには**神殿（第一神殿）**も建造された。

しかし、民たちの間では、重税と過重な強制労働に対する不満が増大しており、ソロモン王の死後、その不満が爆発。民による反乱が起き、古代イスラエル王国は内乱状態に陥った。

紀元前926年、ついに古代イスラエル王国は崩壊。太祖アブラハムの子孫十二支族のうち、ユダ、ベニヤミンからなる**南ユダ王国**と、ユダ、ベニヤミンを除く十支族からなる**北イスラエル王国**の二国に分裂してしまう。

「バビロン捕囚」で奪われた独立と「失われた十支族」の行方

紀元前722年、メソポタミア地方のアッシリア帝国により北イスラエル王国はあっけなく滅亡し、彼ら十支族はアッシリア帝国に連行されてしまう。

一方の南ユダ王国は、独立を守るが、紀元前586年には、アッシリア帝国を滅ぼして建国された**新バビロニア王国の侵攻**にあい、エルサレムの神殿は崩壊。民の多くはバビロンに連れ去られ、歴史に名高い**「バビロン捕囚」**の辱めを受ける。

新バビロニア王国がアケメネス朝ペルシアに滅ぼされたことによって解放された南ユダ王国の人々がパレスチナに帰還できたのは、約50年後の紀元前538年のことだった。彼らは南ユダ王国の民＝ユダヤ人と呼ばれた。

その後、北イスラエルの土地も解放され、ペルシアの統治下、エルサレム神殿も再建される（**第二神殿**）。
この時代、二度にわたって集団帰還が行なわれたが、すでに滅びたアッシリアから、かつての同胞である十支族の民が帰ってくることは、ほとんどなかったという。
彼らは**「失われた十支族」**と呼ばれ、いつの日か十二支族が再びエルサレムで統合されることが、ユダヤ人たちの悲願となった。
この**バビロン捕囚からエルサレムに帰還したペルシア統治時代に、今日のユダヤ教の形式とその文化の基盤が固められていった**といわれている。

✡「対ローマ帝国戦争」で課せられた〝宿命のディアスポラ〟

紀元前143年頃にハスモン朝が成立し、シリアのセレウコス朝の影響下ではあったものの、自治権をほぼ勝ち取ったユダヤ人だが、やがてローマ帝国の猛威に飲み込まれることになる。

彼らを支配したローマ総督によるユダヤ文化の軽視や、多神教のローマ帝国支配下での宗教的不満により、ユダヤ人たちの間には**救世主（メシア）**を待望する意識が熱をおび、自らの解放を望む機運が高まった。

そして、紀元後66年、ユダヤ人が独立を目指した戦争、**「第一次ユダヤ戦争」**が勃発する。だが、それは勝ち目のない戦いであった。

聖都エルサレムと第二神殿が破壊されると、残されたユダヤ人は、難攻不落の**マサダ**の砦などに立てこもって抵抗を続けたが、ローマ軍は兵糧《ひょうろう》攻めで彼らの勢力を削っていった。

立てこもっていたユダヤ人戦士たちは覚悟を決めると、砦の中にローマ軍の進入を許す前に、その多くが自決したという。

これが有名な**「マサダ・コンプレックス（二度とマサダを落とさせないという決意と被害者意識）」**を生み、ユダヤ人の心に深い傷として刻まれることとなった。

この戦争で命を落としたユダヤ人は60万人とも100万人ともいわれている。エルサレムが攻められた際に破壊された第二神殿は、現在でも一部が残っており、**「嘆きの壁」**と呼ばれている。

それから約60年後、最も偉大なラビ（ユダヤ教の教師、宗教的指導者）の1人とさ

「嘆きの壁」には、およそ2000年後の今でも
多くのユダヤ教徒が訪れる

れるラビ・アキバによって救世主と認められたバル・コクバが、ユダヤの民の前に現われる。

〝星の子〟の名を持つ彼の元に民衆は集い、再び独立の機運が高まった。救世主の出現によってなされるべきことは、**イスラエル王国の再建**である。

そして、紀元後132年にバル・コクバの導きのもと、**「第二次ユダヤ戦争」**が始まった。

だが、またしてもローマ軍によってくじかれる。135年、バル・コクバは戦死し、ラビ・アキバも処刑。実に、58万人ものユダヤ人が戦死したといわれている。

そして、ローマ人は追い打ちをかけるよ

ユダヤ人がたどってきた「受難の歴史」	
紀元前1290年頃	**モーセ**がイスラエル人を率いて エジプト脱出（**出エジプト**） ヤハウェ神がモーセに「**十戒**」を授ける
紀元前1250年頃	イスラエル人、「約束の地」カナンに到着
紀元前1000年頃	ダビデが古代イスラエルを平定する
紀元前10世紀	ソロモン王が**第一神殿**を建造
紀元前926年	王国崩壊。南ユダ王国と北イスラエル王国に分裂
紀元前722年	アッシリア帝国に北イスラエルが滅ぼされる
紀元前586年	南ユダ王国が新バビロニア王国の侵攻を受け、 民の多くが連れ去られる（**バビロン捕囚**）
紀元前538年	ペルシアによって解放され、**第二神殿**を建造する
紀元66年	古代ローマ帝国との間に第一次ユダヤ戦争勃発 **第二神殿**が破壊される（**嘆きの壁**）
紀元132年	第二次ユダヤ戦争が始まるが、ローマ軍に敗れ、 国を失う（離散したユダヤ人は**ディアスポラ**と 呼ばれるように）

うに、「ユダヤ」と呼ばれていた古代イスラエルの「約束の地」を、彼らが忌《い》み嫌っていたペリシテ人にちなんで**「パレスチナ」**と名づけると、ユダヤ色を一掃。エルサレムの南門にブタのレリーフを刻み、ユダヤ人たちを貶《おとし》めた。

ユダヤ人の多くは、現在のイスラエル北部あたりのガリラヤ地方へ送られた。

それにともないユダヤ教の学問の中心も、エルサレムからガリラヤ地方へと移り、現代ユダヤ教の原型ができていった。

同時に、一部のユダヤ教徒たちは、神秘主義に傾倒していく。国を失い、戦うための牙をもぎとられた彼らは、信仰をもって、その運命に抗《あらが》うしか術《すべ》がなかったのだ。

歴史的には、ここで古代ユダヤ教の時代が終わったといわれている。

このような歴史の中で、国を失ったユダヤ人たちは**「離散ユダヤ人（ディアスポラ）」**と呼ばれ、中東やヨーロッパなど、世界各地で長い放浪の時代を生きる宿命を課せられたのである。

だが、**こうした悲劇的な宿命こそが、今日のユダヤ人が築いている陰謀のネットワークの原点**であることも、また事実だといえよう。

過激な「選民思想」はなぜ生まれたか

19世紀中頃までのヨーロッパでは、ユダヤ人たちはユダヤ教徒の集団、すなわち〝宗教集団〟としてとらえられていた。しかし、近代的な国民国家がヨーロッパで誕生していくと、ユダヤ人の血統を持つ者たちからなる〝民族集団〟と考えられるようになった。

ディアスポラと呼ばれてからの長い時間の経過の中で、彼らは世界中に四散し、少数民族としてコミュニティを築き、あるいは現地に同化して、多彩な文化を構築してきた。その中には肌の色が白い者もいれば、黒い者もいるし、言語もさまざまである。

つまり、今日のユダヤ人とは、国籍や人種、言語といった尺度では定義づけられない〝文化的集団〟だともいえるのだ。

「私は、半分のポーランド人、半分のドイツ人、そして丸ごとのユダヤ人だ」

これはドイツの文芸評論家マルセル・ライヒ＝ラニツキが自伝の中に記した一節だが、この言葉にユダヤ人の今日的な定義づけが集約されているだろう。

〝受難と屈辱の運命〟は「選ばれし者」の宿命？

では結局のところ、ユダヤ人とは、いったいどんな民族なのか？

モーセが伝えた口伝えの律法とされる「口伝律法《くでんりっぽう》」を収めた文書群であり、ユダヤ教の聖典のひとつでもある**「タルムード」**。その大半を占めるユダヤ法「ハラーハー」によれば、**ユダヤ人の母親から生まれた者、もしくは正式な手続きをふんでユダヤ教信者となった者がユダヤ人**と規定されている。

当然ながら、そこには国家、すなわち国籍の言及はない。

彼らはバビロン捕囚によって国を失ってから２５００年以上もの間、建国を目指してきた。国を追われ、アジア、ヨーロッパの国々へと四散していった彼らを同胞として強く結びつけていたもの、それは血縁であり、信仰であったはずだ。

ここで、そもそもユダヤ教がいかなる形態の宗教なのか、その概要を見てみよう。

ユダヤ教は**「ヤハウェ」**を唯一の神とする**ユダヤ人の民族宗教**で、ヘブライ語で書かれた聖書**「タナハ」**（キリスト教ではこれを**『旧約聖書』**と呼ぶ）を聖典とする。

この「タナハ」はさらに3分類され、『創世記』『出エジプト記』『レビ記』『民数記』『申命記』からなる**「モーセ五書（トーラー）」**、『イザヤ書』『エゼキエル書』『マラキ書』などからなる「預言書（ネビイーム）」、『ヨブ記』『ダニエル書』などからなる「諸書（ケトゥビーム）」で構成されている。この他に、前出の**「タルムード」**をはじめとする、ラビ文学も重視されている。

ユダヤ教の最大の特徴は、**「選民思想」**や**「救世主（メシア）信仰」**であり、それは彼らが歩んできた民族の歴史に起因するところが多い。

すでに概説した通り、「出エジプト」を率いた救世主モーセとヤハウェとの契約に始まり、古代イスラエル王国の栄光と分裂、「バビロン捕囚」とその帰還ののちに、ユダヤ教の形式と文化の基盤が固められた。

バビロン捕囚はおよそ50年続いたとされているが、その間、政治や宗教におけるエリート層が、王国も神殿もない異郷の地バビロニアで捕囚生活を強いられた。

この屈辱の生活の中で、彼らは神ヤハウェとは何かを見つめ直し、自分たちの慣習や宗教的行事をまとめた「トーラー」を編み出していったのだという。

こうして、たとえ異教の地に置かれようとも、たとえ国はなくとも、神との契約を守り、〝宗教集団〟として生きる道を選び、自らのアイデンティティを確立していったのである。

ユダヤ人だけに与えられた「特別な使命」とは？

苦難の中で彼らを支えたもの、それは今日まで受け継がれる強烈な**「選民思想」**と、救世主を強く求める**「メシア信仰」**である。

彼らの聖典「タルムード」は、古代イスラエル人は神と契約した特別な存在であると教える。神によって選ばれ、**「特別な使命」**を与えられた存在が、古代イスラエル人＝ユダヤ人だというのだ。

この「特別な使命」とは、救世主が降臨し、「神の国」をつくりあげるという**「神の計画」を推進すること**である。つまり、彼らは自分たちを〝神に選ばれた集団〟だと考えているのだ。

この思想が、彼らの「選民思想」の根幹をなしているのはいうまでもない。そして同時に、キリスト教との間に軋轢《あつれき》を生む原因にもなっている。

キリスト教では、神(神の子イエス・キリスト)に帰依《きえ》し、キリストの教えに従って善行を積んだ者すべてが、神によって救済されると考えられている。

だが、ユダヤ教は違う。生き残ることができるのは、神と契約した、すなわち神に選ばれた民族だけだ。つまり、古代イスラエル人＝ユダヤ人だけが最終的に生き残り、勝利する民族だというのである。

「タルムード」が教えるのは、そればかりではない。

異教徒、偶像崇拝者、異邦人は、人類ではなく**ゴイム(奴隷)**であり、このゴイムに対しては何をしてもよいというのだ。たとえば、ユダヤ教徒以外の者は財産の所有権を持たないので、ユダヤ教徒は彼らから財産を奪っても許されることになる。

さらに恐ろしいことに、「トーラー」を拒む者は、すべて殺してもよいし、剣がなければ、策略をもって放逐せよ……とまで言っているのだ。

待望され続ける「第三神殿」の建設とは？

さて、歴史を冷静に振り返れば、**ユダヤ教、キリスト教、イスラム教**という**「3つの宗教」**間の複雑な葛藤と対立の歴史が、ユダヤ人の思想、彼らが受けた迫害や陰謀説に深く関わっていることが理解できるだろう。

これら3つの宗教が奉ずる神は同一なのだが、その信仰の対象はそれぞれ異なる。ユダヤ教においてはヤハウェが唯一神であり、特異な「選民思想」や救世主を待ちわびる「メシア信仰」が特色である。

キリスト教では、「父と子と聖霊」の〝三位《さんみ》一体《いったい》の神〟が唯一の神であり、救世主はキリストである。イスラム教は、預言者ムハンマドの受けた啓示を結集した『コーラン』の教えを信じ、それに従う。

このように、同一の神を奉じながらも信仰の対象と内容に大きな違いがある3つの宗教だが、「聖地」は、どれも**エルサレム**なのだ。

ユダヤ教においては、ソロモンの時代に第一神殿が置かれ、南ユダ王国の首都でもあり、瓦解した第二神殿の一部「嘆きの壁」がある聖地である。また、キリスト教においては、イエスが教えを説き、処刑、埋葬され、そして復活した聖地。イスラム教では、ムハンマドが一夜で昇天する旅を体験した聖地である。

この**「聖地が同じ」**ということが、３つの宗教の関係を複雑にしているのだ。

なぜ「聖なる岩」の奪還が切望されてきたのか

ユダヤ人の太祖アブラハムが、その子イサクを「神への信仰の証し」として神に捧げようとした場所は、モリヤ山として『創世記』に書かれている。

この地には、その後、ソロモン王によって第一神殿が建設され、信仰の中心として、イスラエルの人々から崇拝されていた。

だが、紀元前５８６年、この第一神殿が崩壊し、再建された第二神殿も紀元後70年に第一次ユダヤ戦争の中で崩壊して以来、この場所はユダヤ人の手に戻ることはなく、

「聖なる岩」を囲うイスラム教の「岩のドーム」。
今もくすぶり続ける「争いの火種」である

のちにイスラム教徒によって制圧された。

そして、アブラハムが息子のイサクを捧げようとした台であり、ダビデ王が「契約の箱」を納めたという**「聖なる岩」**（ユダヤ教、キリスト教、イスラム教にとって重要な関わりを持つとされる）は、ユダヤ人を拒むようにイスラム教の**「岩のドーム」**によって囲われてしまっている。「聖なる岩」は、預言者ムハンマドが天に昇る際に足跡を残した岩だとされ、神聖視されているのだ。

現在のエルサレムは、実質的にはイスラエル領であるものの、「岩のドーム」がある敷地の管理はイスラム教によってなされているため、ユダヤ教徒は宗教的な儀式を行なうことができない（南西の壁の外側の一部だけが「嘆きの壁」としてユダヤ教の管理下にある）。

こういった問題が「争いの火種」となり、今この瞬間もくすぶり続けているのだ。

ユダヤ人が忸怩《じくじ》たる思いでこの現状を憂いているのは、いうまでもない。ユダヤ人が2000年来待ち望んでいるのは、メシアの再降臨であり、失われた十支族を含めた世界中のユダヤ人が聖地エルサレムに帰還することである。

メシアが再来する場所は「神殿」でなければならない。つまり、ユダヤ人の**「第三神殿」**が建設されねばならないのだ。この聖地をイスラム教徒から奪還しない限り、彼らは未来永劫、メシアの再来を待ち続けることになるのである。

✡「キリスト教国教化」から始まる果てしない受難

ここで、ユダヤの歴史を語る上で欠かせないキリスト教の歴史についても確認しておきたい。

イエスの磔刑《たっけい》後、弟子たちによる布教活動によって、キリスト教はローマ帝国内でその勢力を拡大したが、その存在は次第に危険視されるようになっていく。

そして、ときの**ローマ皇帝ネロ**によって、キリスト教徒は迫害の対象となり、初期キリスト教の最大の功労者である**パウロ**も、紀元62年頃に殉教したのだ。

当時のローマ帝国における宗教は多神教であり、皇帝もその神の1人だった。そんな中で、キリスト教が一神教を説いたことや、「神の前ではすべての人間が平等」という思想が支配者層に嫌われたことが、迫害の理由だった。

多くのキリスト教徒が殺戮《さつりく》の対象となり、紀元3世紀の**ディオクレティアヌス帝**の時代にそのピークを迎えた。

だが、敬虔《けいけん》な信者たちは地下へもぐり、カタコンベ（地下墓地）でイエスに祈りを捧げ続けた。そうして絶えることなく信者が広がり続けた結果、ローマ帝国も無視できない存在にまで成長する。

313年、**コンスタンチヌス帝**によって**ミラノ勅令**が下されると、とうとうキリスト教は公認の宗教となり、392年には**国教化**された。

このことであおりを食ったのがユダヤ教である。「国教となったキリスト教の神の子、救い主であるキリストを殺した」という汚名を着せられたからだ。

かくして〝**神殺しの民**〟ユダヤ人はローマ帝国の迫害を受けることとなった。その後も、彼らはキリスト教社会で迫害を受け続け、この流れは11世紀の十字軍による迫害などを経て、19世紀に始まる「反ユダヤ主義」にまでつながっていく。

〝迫害の試練〟を乗り越え、ユダヤ人が目指す先にあるもの

現在、ユダヤ人＝ユダヤ教徒は、世界中に約１３００万人いるといわれている。対して、イスラム教徒は約16億人、キリスト教徒にいたっては約22億人もいるという。つまり、70億人を超える世界の全人口の３分の１弱が、キリスト教徒なのである。

このような観点からすれば、３つの宗教における〝聖戦〟は、「信者の数」という点で、キリスト教が圧倒的な勝利をあげているように見えるだろう。

だが現実には、**世界はユダヤ人によって牛耳られている**という陰謀論が絶えること

なく聞こえてくる。

彼らは**数にも勝る〝力〟によって、あらゆる民族を支配**しているというのだ。迫害という〝試練〟を課せられながらも、彼らは彼らのやり方で強大な力を手に入れていた。**世界の金融、経済を牛耳る財閥がユダヤ人で占められている**のは、その好例であろう。

既述した通り、他民族、異教徒は、彼らの「神の国」を構築するための、使役すべき奴隷（＝ゴイム）にすぎない。

だが、公然と力をふるっては、多くの軋轢と反発を生む。それが得策ではないことは、迫害の歴史をたどってきた経験から、彼らも理解している。かつて多くの先人たちの血が流されてきたことが、今もなお記憶されているからだ。

だからこそ彼らは、闇に紛れて企み、隠し、謀《はか》ってきたのだろう。

彼ら自身の運命も〝預言通り〟に進んでいる!?

では、現代のユダヤ人たちは、いかにして世界を手中に収め、何をしようとしているのだろうか。

その「謎」を解く鍵は、ユダヤ教の聖典である「タナハ」(『旧約聖書』)にある。

驚くべきことに、ユダヤ人の歴史は、太古から今日に至るまで、『旧約聖書』の預言通りに推移してきたとされている。そしてこの事実は、ユダヤ人にとって、**「人類の歴史に神が介入」**してきたことの証しである。

つまり、出エジプト、バビロン捕囚などの太古から、20世紀に至るまでに彼らの身に降りかかった幾多の災難も、宿願だったイスラエル建国も、中東戦争も、ユダヤ財閥による経済、金融支配も、すべては**『旧約聖書』に定められた運命が〝実現〟**されたものだったというのだ。

✡「安息年」と「世界的経済危機」の恐るべきリンク

さて、ユダヤ人には、**安息日（サバト）**という習慣が「トーラー」によって定められている。実は恐るべきことに、このサバトが、**世界経済とも密接に関わっている**という噂があるのだ。

我々の〝日曜日〟は、「トーラー」によって課せられた**「7日ごとの安息日」**が原点にある。これは、神が天地の創造を6日間で終え、7日目に休んだとされることに由来しているが、同時に、**神の完璧性を表現するユダヤの神聖な数字「7」**を基準にしている。

さらに、6年間耕し続けた土地は7年目に休ませるという**「安息年」**もあるという。農作物という〝実り〟をもたらしてくれる土地も生き物であり、酷使し続ければ次第に土地はやせ、実りも少なくなっていくだけだ。安息年はそうならないための、一種の教訓ともいえるだろう。

しかし、それがなぜ、世界経済に関係してくるのか？

21世紀における安息年は、**2001年**、**2008年**、そして**2015年**である。ユダヤ暦は月の運行をもとにするため、1年は秋から始まり、翌年の秋に終わる。つまり、2000年の秋～2001年の秋、2007年の秋～2008年の秋、2014年の秋～2015年の秋が、ユダヤ人にとっての安息年であった。


勘のいい読者なら、もうお気づきだろう。不思議なことに、これらの時期には、**世界規模の経済危機**が重なっているのだ。

たとえば、2001年期は、欧米、そして日本の主要株価が最高水準にあった。しかし、安息年が終わる9月頃から、株価は急減に下落したのだ。

2008年期には、アメリカの住宅ローンの破たんに端を発する**リーマンショック**（世界同時不況）が、そして2015年期は、**中国経済の大失速**をきっかけに株価の下落が起きた。一度だけなら偶然だとも考えられるが、現実には安息年ごとに世界的な経済危機が起こっている。

信じられないかもしれないが、**「安息年」と「世界の経済的危機」が連動している**

のは、紛れもない事実なのである。

✡〝70回目〟の「ヨベルの年」に、何かが起きる!?

さらにこの安息年を7回重ねた周期が完了した翌年、つまり50年目に訪れるのが、**〝先祖伝来の所有地に帰る年〟といわれる「ヨベルの年」**である。

このヨベルの年は、ユダヤ人にとって**〝恵みの年〟**でもあるという。

たとえば、ひとつ前のヨベルの年、1967年には、**第三次中東戦争にイスラエルが勝利し**、すでに統治していた西エルサレムに続き、聖地のある旧市街を含む**東エルサレム奪還**の悲願を達成している。

さらに、その前のヨベルの年である1918年（1917年の秋から1918年の秋までの間）には、ユダヤ人がパレスチナに居住地を建設することをイギリス政府が公式に支持する**「バルフォア宣言」**が発せられた。

バビロン捕囚以来、ユダヤ人は、建国、エルサレムの奪還、エルサレムの神殿の丘

「第三次中東戦争の勝利」と「ヨベルの年」の奇妙なリンク――すべては彼らの「計画通り」なのか

に「第三神殿」を建造することを宿願としてきた。

１９１８年と１９６７年という二度のヨベルの年において、イスラエル建国とエルサレムの実質的な奪還はすでに果たされている。

となると、残すは第三神殿の建設だ。

たとえば、**２０１６年のヨベルの年に、「第三神殿」を建てるためのアクションが起こされる**のではないかという見方がある。

記述した通り、ヨベルの年は〝先祖伝来の所有地に帰る年〟だ。

しかも、**２０１６年のヨベルの年は、ヨセフがエジプトに行った時代から70回目という区切りのタイミング**である。残された宿願を果たすため、ユダヤ人たちが強硬な行動に出ても不思議ではない。

だが、もし〝それ〟が実行に移されたとしたら、どうなるか？

過激派組織イスラム国（ＩＳ）の存在によって緊迫した状態が続く中東に、激しい混乱がもたらされるのは間違いない。最悪の場合、**第三次世界大戦に発展**してもおかしくはないだろう。世界は再び混乱（カオス）に包まれるのだろうか？

もちろん、これはあくまで推論にすぎない。だが、彼らの宿願をかんがみれば、その可能性は否定できないのだ。

この項目の冒頭に、**ユダヤ人の歴史は〝聖書の預言通り〟に推移**してきていると書いた。おそらく、その〝実現〟のためには、彼らは血を流すことさえも、いとわなかったはずだ。

はたして、ユダヤ人たちはいかなる〝恵み〟を欲し、それを〝実現〟するために、いかなるシナリオを描くのだろうか？

次章から、**歴史の陰で彼らが行なってきた陰謀の数々**を紹介し、彼らの「真の目的」を探っていこう。

2章

世界の金融、経済を操る〝陰の支配者〟

――ロスチャイルド、ロックフェラーの壮大な企みとは

ヨーロッパを手中に収める陰謀財閥ロスチャイルド

２０１４年に開かれた世界経済フォーラム、通称ダボス会議に先立ち、国際ＮＧＯオックスファムは「経済格差に関する調査報告書」の中で、「世界人口の１パーセントの最富裕層が、世界の富の約半分を独占している」と発表した。

報告書によると、この１パーセントの最富裕層の資産総額は１１０兆ドル。日本円にすると、なんと1京円にものぼるという。

このわずか1パーセントに多数属するのが、世界最大のユダヤ系財閥、**ロスチャイルド一族**だ。

彼らは、「ユダヤと金」を論じるとき、避けては通れない存在である。

都市伝説的ではあるが、なんと**全世界の実に7割の富をロスチャイルド一族が保有**しているという噂がある。しかし、フォーブス誌の長者番付には、彼らの名前が出てくることはない。それは**「税金の抜け道を知っているから」**だ。

ある説によると、〝本当の資産〟を彼らが公表すると、長年にわたって長者番付の1位を独走するビル・ゲイツなどは、100位にも入らないのだという。

✡ なぜ、ここまで「強大な権力」を手に入れられたのか

ロスチャイルドの傘下にあるといわれる企業は、世界的な有名どころばかりだ。

通信系だとニューヨーク・タイムズ、ロイター通信、アメリカ三大ネットワークのうちのABC、CBS放送、食品だとコカ・コーラ、自動車のフォード、ルノー、航空機のロッキード・マーチン、ダイヤモンドのデビアスなど、そうそうたる顔ぶれである。

そればかりか、アメリカの連邦準備銀行、イングランド銀行、日本銀行など、**世界の中央銀行もロスチャイルドの支配下にある**という。

では、どうしてロスチャイルド一族はこれほどまでに強大な権力を手に入れられた

のか。歴史は18世紀、1764年にまで遡《さかのぼ》る。

初代ロスチャイルドはドイツ・フランクフルトに住むユダヤ人両替商、**マイヤー・アムシェル・ロスチャイルド**。この地にロスチャイルド商会を創設した彼は、ほどなくしてフランクフルトの貴族、ヘッセン方伯の〝金庫番〟に就任する。ヘッセン家は、当時、個人ではヨーロッパ最大ともいわれる財産を保有していた。この財産を手に、マイヤーは貴族をはじめ、王室などに金を貸し付け、深い関わりを持つようになったという。

ロスチャイルド家が、ヨーロッパ随一の金融一族へと成長したきっかけのひとつは、彼が息子たちに、**ヨーロッパの主要都市に両替会社**、つまり**銀行を開設**させたことである。

長男のアムシェルはフランクフルト本店、次男のザロモンはウィーン支店、三男ネイサンはロンドン支店、四男カールはナポリ支店、五男ジェームズはパリ支店をそれぞれ担当した。

各地を特製の馬車と高速艇で行き来し、世界一素早いネットワークを築きあげた彼らの強みは、**かたい結束力**だった。

ロスチャイルド家が莫大な富を手にした「ワーテルローの戦い」。この後も、彼らは戦争を利用して資産を殖やしていく

現代でもそうだが、情報は早ければ早いほど金になる。彼らは、貴族らへの金貸しを主な業務にしていたが、次第に軍資金の調達も任されるようになり、戦局を見ながら融資と投資を行なうようになった。

一夜にして莫大な富をもたらした「ワーテルローの戦い」

当時のロスチャイルドにまつわる有名な逸話が、**「ワーテルローの戦い」**だ。

これは、ナポレオン率いるフランス軍と、イギリス、オランダ、プロイセンをはじめとするヨーロッパ連合の戦いである。当時、多くのヨーロッパ人はナポレオンの勝利を予測していた。

しかし、蓋を開けてみると、結果はヨーロッパ連合の勝利。この情報をいち早くキャッチしたロンドン支店のネイサンは、金融の取引所で「ヨーロッパ連合が負けた」かのように振る舞った。

その行為により、投資家たちが我先にとイギリス国債を売り払ったのを見たネイサンは、その紙くず同然となったイギリス国債をすべて買い上げた。

こうして、ニセの情報を流すことで、ネイサンは一夜にして国王よりも莫大な富を手に入れたのだ。この取り引きで彼が得た利益は、約100万ポンド。**財産は、約2500倍にも増えた**という。

当然、この大成功の陰で破産した貴族や資産家も少なくなく、ロスチャイルドをやっかむ者も存在した。しかし、批判の声をものともせず、ロスチャイルドは戦乱を利用し、富を積み上げていった。

その後のアメリカ南北戦争、日本の明治維新、日露戦争、第一次世界大戦、第二次世界大戦、ベトナム戦争、朝鮮戦争、中東戦争など、〝**戦争の陰にロスチャイルドあり**〟といっても過言ではないほど、世界が争いを重ねるごとに、ロスチャイルド家は資産を殖やし、発言力を強めていったのだ。

これを単なる都市伝説だと片づけることはできないだろう。

現に、ロスチャイルド系列のロッキード・マーチン社は、世界の軍事産業の売り上げで長年トップを占め続けている。

筆者としてはこの事実が、すべてを物語っているように思えてならない。

そして忘れてはならないのが、ここで紹介したことは、ユダヤの財閥を語る一側面にすぎないということである。

アメリカを牛耳る〝ユダヤの手先〟ロックフェラー一族

ユダヤ系財閥のもうひとつの雄――それが**ロックフェラー**家だ。

ヨーロッパを支配するのがロスチャイルドだとすると、アメリカを支配するのがロックフェラーだと語られることが多い。というのも、**米国のGDPの5割以上はロックフェラー一族の手にある**といわれているからだ。

ロックフェラーの始祖ともいえる、**ジョン・D・ロックフェラー**は、1839年に行商人の父と、敬虔なバプティスト教徒(プロテスタントの一派)の母の元に生まれた。そう、実はロックフェラーの出自は、いわゆる〝ユダヤ人〟ではない。

多くのヨーロッパ系移民と同様に、ジョン・D・ロックフェラーの家は貧しく、彼も商業専門学校に入学したあとは、16歳でオハイオ州の農産物系の商社に入社した。

そこそこの生活を送っていたジョンだが、1861年の南北戦争を機にオハイオの農産物が売れなくなってしまったため、彼は農作物から、石油ビジネスに舵を切る。

1859年にペンシルバニア州に油田が発掘されて以来、アメリカはオイルラッシュに沸いていた。そこでジョン・D・ロックフェラーは、1862年、4000ドルの資金を手に小さな石油精製所の共同経営を開始。1870年、弟ウィリアムたちと「スタンダード・オイル社」を設立する。

その後、裏金、リベートなど少々強引で汚い手を使いながらも、19世紀末には、**アメリカ全土における原油の生産、輸送、販売を支配**して、独占体制を確立した。

1911年には、反トラスト法であるシャーマン法に基づき解体命令が出され、33（34とする説もある）の会社に分割されたが、海外の市場にも手をのばし、国内外の政治的な発言力を強めていく。

そして、1930年頃には**銀行業務にも着手**し、さらに強大化していった。ロックフェラー家はアメリカ国内で、オイルビジネスを契機に成り上がった一族なのだ。

ちなみに現在、ロックフェラー傘下にあるといわれる企業は、石油のエクソンモービル、メディア系だとAP通信、NBC、ウォール・ストリート・ジャーナル、情報系にＩＢＭ、食品ではペプシコ、銀行系にチェース・マンハッタン銀行、シティバンク、そして自動車航空機にＧＭなどがある。いずれも世界に名を轟《とどろ》かせる一流どころばかりだ。

そして、世界の軍事産業の売り上げで常に上位三位に位置するボーイング社もロックフェラー系である。

ロックフェラーにも、ロスチャイルドの息がかかっている！

先にジョン・Ｄ・ロックフェラーの出自はユダヤではないと書いたが、なぜ「ユダヤの陰謀」に関わってくるのかと読者の多くは思うだろう。

「ＷＡＳＰ《ワスプ》」という言葉がある。「Ｗ」hite（白人）で、「Ａ」nglo「Ｓ」axon（アングロ・サクソン系）で、「Ｐ」rotestant（プロテスタント）という属性を持つ人々で、アメリカの「保守本流」と言い換えることもできる。

厳密にはアングロサクソン、つまり当初はイギリスからの移民をＷＡＳＰと呼んでいたようだが、今ではヨーロッパ系移民、つまり白人系のアメリカ人をＷＡＳＰと呼ぶことが多い。一見すると、**ロックフェラーはＷＡＳＰ系の大富豪**である。

しかし、ジョン・Ｄ・ロックフェラーの成り上がり方がいかにも不自然だと、いぶかしむ声も少なくない。なんと**彼のスポンサーは、ロスチャイルド一族だった**という説があるのだ。

〝金利で儲ける〟商売をしていたユダヤ人はヨーロッパ大陸では差別され、ときに迫害されることもあった（キリスト教やイスラム教では、お金を貸して利子を取る行為は禁じられていた）。そうした背景から、生活のために「プロテスタントのフリをしたユダヤ人」がアメリカ大陸では少なくなかった。

事実、ロスチャイルド系の人物が、「ロックフェラーはロスチャイルドの傍系」という話を語ることは、めずらしくないという。

アメリカには**5大財閥と呼ばれる大富豪**がいる。ロックフェラー財閥を筆頭に、**モルガン財閥、メロン財閥、デュポン財閥、ヴァンダービルト家**が含まれるが、ロックフェラー一族以外はすべて、ユダヤ系資本なのだ。

アメリカはユダヤ王国だといわれるが……あながち都市伝説ではなさそうだ。

中央銀行支配シナリオが示す「世界征服計画」の真相！

先にロスチャイルド系列の世界的企業を紹介したが、〝世界を裏で支配する〟とまで囁《ささや》かれる、ロスチャイルドの権力を決定づける分野がある。

それは**金融**だ。

イラン、北朝鮮、スーダン、リビア、キューバと聞いて、何を想起するだろうか。〝世界の鼻つまみ者〟〝悪の枢軸《すうじく》〟というフレーズを思い浮かべる人が多いのではないだろうか。実は、これらの国々には、ある共通項がある。

それは、**中央銀行にロスチャイルドの資本が流入していない国**だということ。つい先日まで、ある2カ国もそれに含まれていたが、ロスチャイルド家の介入を許してしまった。「イラク」そして「アフガニスタン」である。

これらの国々の名を聞けば、賢明な読者ならもう想像がつくだろう。この世界では、

ロスチャイルドの支配が及ばない国は、〝ならず者国家〟なのだ。

ちなみに、一見ロスチャイルドの権力とは無縁そうな、中国やロシアのような大国の中央銀行にも、しっかりとロスチャイルド資本は入り込んでいる。なんと、その楔《くさび》はアヘン戦争やロシア革命の以前、一族の祖であるマイヤー・アムシェル・ロスチャイルドの頃に打たれていたのだ。

脈々と受け継がれる「壮大な野望」の正体とは

中央銀行とは、日本の日本銀行、アメリカの連邦準備銀行、フランスのフランス銀行、イギリスのイングランド銀行、ドイツのドイツ連邦銀行（ブンデスバンク）など、国の公的な銀行を指す。

これらの中央銀行は、他の民間銀行では決して持ち得ない、ある**特権**を持っている。それは、**紙幣の発行権**である。

マイヤー・アムシェル・ロスチャイルドはこんな言葉を残している。

「私に一国の通貨の発行権と管理権を与えよ。そうすれば、誰が法律を書こうがかまわない」

彼は両替商、つまり金貸しという立場をフルに利用し、通貨の発行権を手中に収めようとしたのである。ここに、ロスチャイルドの壮大な「世界征服計画」が垣間見えてくる。

また、彼は、

「最も効率的に金を儲ける方法は、国家を相手にすることだ」

と発言しているが、それを実現させるために、5人の息子にヨーロッパの主要都市に両替商を開かせ、商売をさせた。

事実、この行為が後世、ロスチャイルド王国を築く強力な布石となった。そして、権力の中枢に近づき、ときには乗っ取ることで、その地位を盤石なものにしていったのだ。

『旧約聖書』に**「借りるものは貸すものの奴隷となる」**という一節（『箴言《しんげん》』22章7節）があるが、ロスチャイルドはまさにそのフレーズを体現したといっていい。

ロスチャイルドはこうして世界を弄び、富を築きあげた！

実は、この**〝中央銀行支配〟のシナリオ**の起源は、なんと**古代バビロニア**だった。

古代バビロニアの人々は、「通貨の理念」を生み出したことでも知られている。バビロニアの支配者は、農作物や土地、貴金属、労働など人が生み出すありとあらゆるものに〝金額〟という価値を付け、「物々交換」という極めて原始的な観念をなきものにした。

そして、〝銀行〟という**「無から有を生み出すシステム」**を確立したのだ。

このシステムのおかげで、権力者は「金銭的価値を持つすべて」を労せずして手に入れられることになった。一種の錬金術である。

まず支配層は戦いをすることなく被支配層の労働力を奪うことに成功した。古代バビロニアの権力者は、この時代にすでに経済的奴隷を生み出していたのだ。さらに貨幣の貸し借りに「利子」を介在させ、自身の資産を殖やした。

この古代バビロニアの考え方は、多くの宗教で受け入れられなかったが、ロスチャイルドはそれを巧みに利用した。そして彼らは、今なお、自身の資産を殖やすべく、世界を弄《もてあそ》ぶ。

たとえばA国とB国が戦争をするとき、その陰にはロスチャイルドがいる。彼らは素知らぬ顔をして高利で金を両国に貸し付ける。どちらが勝とうが負けようが、ロスチャイルド家には多額の金が転がり込んでくる。

インフレやデフレでさえ、いとも簡単につくり出すことができる彼らにとって、金を生み出すことなど、赤子の手をひねるよりも簡単なのだ。

考えてみれば、現在の貨幣経済社会は、ロスチャイルドのようなユダヤ系の資本家にとってすこぶる都合がいい。「実体」がなくてもすむからだ。

放送・出版のようなメディアから、映画のようなエンターテインメント産業、銀行、保険、株取引など、彼らが強力な力を発揮する分野は、いずれも観念的なもので〝土地〟を必要としない。

しかし今、そんな経済のカラクリに人々も気づきはじめている。2008年、デフ

デフォルトの危機に直面するギリシャも
「脱ロスチャイルド」に踏み切るのか――？

ォルト（債務不履行）を起こしたアイスランドが、２０１０年に中央銀行を国有化し、憲法改正まで行なった。つまり、ロスチャイルド一族を追い出してしまったということだ。そして、ハンガリーがこの動きに追随しようとしている。

　ひょっとしたら、ギリシャやスペインなど、デフォルトの危機に瀕《ひん》している国々もまた、同様のことを画策しているのかもしれない。

　もちろん、世界はそれを止めるだろう。経済秩序が保たれなくなるからだ。

　しかしそれは、世界経済の崩壊というよりも、「ロスチャイルド経済の崩壊」を意味しているのかもしれない。

仰天！「日銀」もロスチャイルドの手の中にある⁉

「ロスチャイルドの中央銀行支配」については述べたが、実害としてどのようなことがあるのだろうか。わが国の「日本銀行」をモデルにして見ていこう。

〝日銀〟と聞くと、日本国が経営する、公営企業をイメージする人が多いだろう。しかし、日銀は「日本銀行法」に基づいてつくられ、ジャスダックにも上場している民間企業だ。

ただ、その株の55パーセントは日本国政府、つまり財務省が保有しており、トップである総裁は日銀の生え抜きか、財務省の天下りである。いうなれば「半官半民の組織」といったところだろう。

そして、日銀の株の残り45パーセントは、**〝日本政府以外の何者か〟が保有している**という。その大きな理由は、政府を暴走させないためだというが……。

この保有者は制度上公開されていないが、ある都市伝説によると、**20パーセントを天皇家、20パーセントをロスチャイルド家、残りの5パーセントをその他の権力者**が保有しているという。

こういったケースは、日本国に限らない。ロスチャイルド家は多くの国の中央銀行に、かなりのパーセンテージの出資金を出しているからだ。

この**ロスチャイルドの日銀支配**によって起きたものこそ、現代日本経済における最大の明暗となったバブル景気とその崩壊だ。

✡ バブル崩壊は、周到に仕組まれた計画だった!?

1980年代、日本は未曾有《みぞう》の好景気に沸いていた。不動産価格や株価は高騰し、貿易黒字は過去最高記録を更新し続けた。企業は高価な美術品を次々に買いあさり、アメリカのマンハッタンなど主要国の一等地の不動産にも手を出した。

東京23区の土地を売れば、アメリカ全土がふたつ買えるといわれた時代である。一般の人々でさえ札束を手に世界へ旅立ち、高級ブランド品や宝飾品を買いあさった。

しかし、栄華は長くは続かなかった。日本はその後、貿易黒字を生み出していた最大の相手国、アメリカの圧力に屈し、プラザ合意に調印。泡のようにふくれあがった経済、つまりバブルがはじけたのだった。

バブル崩壊までのこの**一連の出来事を、ロスチャイルドが仕掛けた罠**だったと主張する経済専門家は少なくない。というのも、**一国の株や不動産を高騰させ、最高値で売り抜ける**のは、ロスチャイルドの常套《じょうとう》手段だからだ。

本来は、そうした操作が行なわれないよう、日銀、つまり政府がコントロールすべきだ。しかし、日銀にはすでにロスチャイルド資本が入り込んでおり、政治家にも彼らの息がかかった人物が少なくない。すべては予定調和だったのだ。

こうして、日本はロスチャイルド、ユダヤ、アメリカに食い物にされてしまった。

✡ 日銀は、いずれ〝完全民営化〟される運命にある?

その後も、日本はロスチャイルドに近しい政治家が政権を取る度に、アメリカにい

小泉純一郎とジョージ・W・ブッシュ――
「親密すぎる2人の関係」は何を意味しているのか

いようにされている。

その最たるケースが、**小泉・竹中の構造改革**だ。

首相を務めた小泉純一郎は、当時のアメリカ大統領、**ジョージ・W・ブッシュ**と懇意にしており、その親密ぶりは大きな話題になった。

そんな彼のブレーンとして存在感を発揮した竹中平蔵は、ロックフェラーの右腕的存在のヘンリー・キッシンジャーの弟子である。

彼らのとった政策の中で、最大のものが**郵政民営化**だが、これは当初から**「日本国民の郵便貯金350兆円を外資に売り渡す行為だ」**と叫ばれていた。この計画は今なお水面下で着々と進行しているという。

おそらく、近いうちにロスチャイルド、及びユダヤ系金融機関は郵便局に預けられた多額の預金を手にすることだろう。そして、このミッションが完了したら……**日銀の100パーセント民営化に手を出してくる**に違いない。

将来、赤字国債による日本のデフォルトと、それに伴う「日銀の民営化」を力説する何者かが必ず登場するはずだ。それはいったい誰か――今から見ものである。

世界恐慌はユダヤの計画の一端だった？

２０１６年１月29日、日本銀行の黒田《くろだ》東彦《はるひこ》総裁が、マイナス金利を導入する新たな追加金融緩和策を発表した。

日銀としては勝算があっての導入ということなのだろうが、日本がこのような政策を導入した背景には、２０１５年後半に明確になった**中国経済の失速**がある。

一部の識者からは、「中国経済の失速をきっかけに、株価の大暴落はいつ起こっても不思議ではなく、１９２９年の世界恐慌の再来となる可能性も否定できない」という指摘も出ているほどだ。

世界恐慌――そう、アメリカの株価大暴落に端を発し、世界中が大不況に陥ったあの出来事である。

✡世界を混乱の渦に巻き込んだ〝空前絶後の大不況〟

第一次世界大戦で直接的な被害を受けなかったアメリカは、戦時中にヨーロッパ各地へ軍事品や資金の供給を行なったことで、債権国として世界的に優位な地位を築いていた。世界経済の中心はイギリスからアメリカへ移り、好調なアメリカ企業の株を買おうと、市場には世界中から金が集まってきた。

しかし、１９２９年10月24日木曜日、ニューヨークの株式市場で、突如として株価が大暴落したのだ。いわゆる **「暗黒の木曜日」** である。

その後もアメリカの株価は下がり続け、倒産企業が続出、失業者も激増していった。そして、アメリカ全土が大不況に陥ると、世界的にも景気の悪化が広がっていき、世界恐慌となったのである。

世界を巻き込んだこの大不況の状態は10年ほど続くのだが、その打開のために各国は独自の経済政策を打ち立てた。だが、それが軍国主義とファシズムの台頭を許してしまい、第二次世界大戦の勃発につながっていく。

「暗黒の木曜日」――株価大暴落はユダヤの仕組んだことなのか

実はこの世界恐慌は自然な流れで起こったことではない。その背景には、ユダヤの姿があった。もっといえば、**世界恐慌はユダヤの計画**だったのである！

アメリカ経済を牛耳る財閥の謀略

ここで、アメリカの銀行制度に目を向けてみよう。

アメリカの中央銀行に関しては「連邦準備制度」（ＦＲＳ）というものがある。ＦＲＳは、１９０７年にアメリカで起こった金融危機をきっかけに、危機の再発を防ぎ国の金融システムを安定させるための機関として、１９１３年に設立された。

ＦＲＳの中枢を担うのが、ワシントンにある**「連邦準備制度理事会」（ＦＲＢ）**である。ＦＲＢの設立にあたっては、１９１０年にＪ・Ｐ・モルガンが所有するジョージア州のジキル島で秘密会議が行なわれているのだが、そのときのメンバーに、共和党上院議員で院内幹事のネルソン・オルドリッチがいた。

彼はＪ・Ｐ・モルガンの投資パートナーであり、石油王ジョン・Ｄ・ロックフェラーの息子、ジョン・ロックフェラー・ジュニアの義父でもある。

そして、ＦＲＢの設立に尽力したポール・ウォーバーグの姿もそこにあった。彼はロスチャイルド家の代理人で、３章で詳述する日露戦争で日本に資金を融通したクーン・ローブ商会の共同経営者だ。

このように、**ＦＲＢ設立の背後には、ロックフェラーとユダヤ系財閥であるモルガンの力**が大きく働いていた。ウォーバーグがロスチャイルドの代理人として、ロックフェラーとモルガンとに働きかけたことも想像に難くないだろう。

もう少し踏み込んでみよう。実際のアメリカの金融政策（金利や通貨の供給量の決定、債権の販売など）を実行しているのは、連邦準備銀行と呼ばれる12行の民間銀行だ。そして、この12行の中心的役割を担っているのが、連邦準備銀行のひとつであるニューヨーク連邦準備銀行である。要するにアメリカの経済や金融システムは、民間の銀行が動かしているのだ。

その設立時の株主は、ナショナル・シティ・バンクやファースト・ナショナル・バンク、ナショナル・バンク・オブ・コマースといった銀行だ。これらを見ると、「アメリカ金融界の背後にいるもの」の正体が明らかになってくる。

なんとモルガンのファースト・ナショナル・バンクと、ロックフェラーのチェース・マンハッタン銀行を除けば、ロスチャイルド銀行、リーマン・ブラザーズ、ゴールドマン・サックスなど、**ロスチャイルド系投資銀行ばかりが名を連ねている**のだ。

そして、これらの株式はすべて欧米の銀行家が保有していて、アメリカ政府は1株も保有していないという。

つまり、**FRS、あるいはFRBはユダヤ財閥がコントロールする組織**であり、すなわち、ユダヤ財閥がアメリカの、引いては世界の経済をコントロールしているというわけだ！

✡金融市場を思いのままに操るテクニックはこれだ！

１９２０年代に、ニューヨーク連邦準備銀行はＦＲＢの指示で通貨供給量を大幅に増やした。融資の担保は主に株券で、そのために株価は高騰し、バブルが発生した。株価がピークに達したところで、ＦＲＢは急に通貨供給量を抑制する。そこで市場は大パニックとなり、１９２９年の世界恐慌につながっていった。

要するに、**ＦＲＢがつくりあげた見かけ上の好景気**のもとで、つり上がった株価を餌に中産階級の投資意欲を煽《あお》り立てておき、市場に金が集まったところで、一気にそれを奪い去ったのである。

市場の金を奪い去った者――それは、もちろんユダヤ系財閥だ。

世界恐慌によって、１万６０００もの銀行が倒産に追いやられたが、そのほとんどはモルガンとロックフェラーが吸収・合併していった。また、紙くず同然となった企業の株券も両社が買いあさり、**めぼしい銀行や企業をすべて手中に収めていった**のだ。

実はこんな話もある。１９２９年４月、ロスチャイルド家はロックフェラーやモルガンらに「株価を暴落させ、世界を不況に陥れる計画がある」という趣旨の手紙を送っていたというのだ。

その警告を受けて、彼らは株価の大暴落が起こる前に、自分たちの所有していた株を目立たないように処分し、市場から全資産を引き揚げていた。だから、彼らは世界恐慌の際にもまったく損をしていないのである。

――そう、つまり**世界恐慌は、ユダヤ系財閥が巨万の富を得て、世界の金融と経済を牛耳るために引き起こしたもの**だったのである。

さらに、のちに勃発する**第二次世界大戦も彼らの計画の一端**だったと考えられる。

なぜなら、**戦争は金になる**からだ。

ブラックマンデーもリーマンショックも計略のうち!?

ところで、世界的な経済危機は、この1929年の世界恐慌だけではない。

1987年10月に起こった史上最大規模の世界的な株価大暴落「**ブラックマンデ**

ー」、１９９０年代初頭の日本の**バブル経済の崩壊**、２００８年９月の**リーマンショック**、そして、２０１０年代に始まった**ギリシャの経済危機**など、これまでにも世界は大きな経済危機に見舞われている。

これらはいずれも自然発生的に起こったことではない。その背後に、世界恐慌のときと同じような「ユダヤの計略」があったと見て間違いないだろう。

現在、ＦＲＢを実質的に支配するニューヨーク連邦準備銀行の株主はモルガンとシティバンクで、両者だけで53パーセント近くの株を保有しているという。

つまり、ＦＲＢは設立当初から変わらず、ロスチャイルド、モルガン、そしてロックフェラーというユダヤの息のかかった財閥によって支配されているのだ。

世界の経済と金融はユダヤの思いのままで、彼らのさじ加減でいかようにも動かせる体制にある。経済不況の打開に向けて、日本銀行がバズーカ砲を何発打とうとも、ユダヤがつくった不況のシナリオを壊すことはできないのである。

「医薬業界利権」の背後で蠢く影の正体とは

先日、鍼灸院《しんきゅういん》で知人に偶然会い、

「漢方を始めたんだ」

と、聞かされた。

曰く、これまで通っていた接骨院では、腰痛に痛み止めが処方されていたのだが、徐々に薬の種類と量が増え、恐ろしくなったのだという。

我々は普段、特に何の疑問を持つこともなく、医師に処方された薬を体内に取り入れているが、安易な薬の服用に疑問を投げかける人は少なくない。

その証拠に、アンチ西洋医学をうたう多くの本が出版されている。書籍を扱う通販サイトで、「薬　飲んではいけない」「病院　殺される」「医療　闇」といった言葉で検索をかけてみれば、多くの書籍がヒットする時代だ。

それにもかかわらず、それらは〝トンデモ〟本として片づけられてしまう。我々の固定観念の中には、**「西洋医学＝正義」という刷り込み**があるからだ。

では、いったい誰によって刷り込まれたか？　もちろん、世界の石油を牛耳るロックフェラーによって、である。

✡〝西洋医学の普及〟がロックフェラーの懐を潤している⁉

〝現代の西洋医学〟について語るとき、必ずと言っていいほど名前が出るのが**ジョージ・H・シモンズ**（１８５２〜１９３７年）だ。

シモンズ博士は、もともとはアメリカで薬草療法、ホメオパシー（あえてその症状を起こすものを投与することで、自己治癒力を喚起させる治療）を施す医師だった。

しかし、突如、医院を閉め、西洋医学の正当性を力説し始める。それは、国家権力やメディアを用いた激しいものだった。

さらにちょうどその頃、アメリカで医療制度の法制化が行なわれると、医師免許の取得が富裕層以外には困難になった。新たな医師免許を取得した医師たちが患者たちに施したのは、もちろん〝西洋医学〟である。

西洋医学で処方されるのは、古来から医療に用いられてきた薬草や鉱物などではなく、**石油からつくられた薬**だ。

石油の薬の使用は、金になった。というのも、伝統的な薬草などから有効成分を取り出すより、はるかに安価で抽出することが可能だからだ。

シモンズ博士、そして医療制度の改革の背後には、石油で財をなした強力なスポンサー、つまりロックフェラーがいた。こう書けば、もはや多くを語る必要はないだろう。ちなみに、**ロックフェラーは世界の多くの製薬会社の大株主**でもある。

もちろん、これまでにも〝西洋医学〟を糾弾《きゅうだん》するものはいた。しかし、核心に迫りすぎた者は不自然な死をとげ、それ以外の者は、一笑に付されてきたのである。

あの野口英世もユダヤの息のかかった人物だった⁉

ところで、ロックフェラーは「ロックフェラー研究所」なる医学研究所を設立し、新薬の開発に日夜取り組んでいる。24人ものノーベル賞受賞者を出したこの研究所の

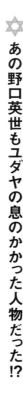

中には、ある有名な日本人もいた。**野口英世**だ。

野口英世というと、黄熱病の研究者として有名だが、都市伝説愛好家なら別の意味でおなじみだろう。

彼は、現在の千円札の顔でもあるが、このお札にはある疑惑がある。まず、このお札の野口英世の顔の真ん中を折ってみると、右と左で恐ろしいほど顔が違う。右側の顔は、まるでユダヤ人のようである。

さらに、裏側からこの顔を透かしてみると、ちょうど富士山の上部に英世の左目が合致する。その姿は、フリーメイソンのシンボル、**プロビデンスの目**にしか見えない。

また、この裏側には、富士山と湖に映る鏡富士が描かれているが、この**鏡富士が、ユダヤ人の故郷、シナイ山にとてもよく似ている**というのだ。

ちなみに彼を讃《たた》える「野口英世記念会館」は、ロックフェラー財団によって建てられた。

このように、日本の偉人ですら、ロックフェラーの息がかかっているのだ……。

「フリーエネルギー社会」を阻止するユダヤ利権の秘密

「ノーベル賞は、すべてユダヤの思惑によって決められている」

という都市伝説がある。

ノーベル賞はユダヤ人たちに都合のいい発明や発言、行動をとったものに贈られる〝道具〟と化しているというものだ。先に紹介した、「ロックフェラー研究所」は顕著な例だろう。

ちなみに、**村上春樹**氏がノーベル文学賞候補に挙げられながら毎年落選するのは、彼がユダヤに好ましくない思想の持ち主だからだともいわれている。

というのも、村上氏は２００９年2月15日、イスラエル最高の文学賞「エルサレム賞」を受賞した際、エルサレム市内の会議場で行なったスピーチで、あろうことかイスラエルによるパレスチナ自治区のガザ侵攻について、批判してみせたのだ。

この勇気ある行為は喝采《かっさい》を受けたが、欧米のメディアにはほとんど掲載されなかった。メディアがユダヤに乗っ取られている事実を思えば、当たり前のことではある。

つまり、よほどの政治的理由がなければ、村上氏がノーベル文学賞を手にすることは難しいだろうというのだ。

“最大のタブー”に踏み込んだ天才、ニコラ・テスラ

ノーベル賞を取るべき希代の科学者、発明家でありながら、その功績がまったく認められていないばかりか、こうした陰謀論やオカルト系分野でしかほぼ名前を見ることができない天才工学者がいる。**ニコラ・テスラ**だ。

彼が発明したものは、交流電源、蛍光灯、無線、ラジオ、リモコン、太陽発電、さらにはデジタルの原理など多数ある。

エジソンと同じか、それ以上に人類に貢献しながら、なぜ、黙殺されたかのような扱いを受けているのか。

それは、**彼の研究がユダヤの逆鱗に触れた**からだ。

ニコラ・テスラは1857年にクロアチアで生まれた。

幼い頃から天才として名を馳《は》せていた彼は、渡米するとトーマス・エジソンの会社に入社した。しかし、エジソンの強烈な嫉妬にあい、対立し、退社してしまう。

その後、彼は独自の研究を進めていくのだが、その研究こそ、ユダヤ社会最大のタブーである、**〝フリーエネルギー〟**だった。

電気もエネルギーも無料で、無限に得られる〝フリーエネルギー〟は、当時から多くの科学者たちが研究対象にしていた。しかし、今日に至るまでそれが実現しないのは、〝芽〟のうちにつまれてしまうからだ。

その背景には、当時すでに**ロスチャイルド、そしてロックフェラー一族が、石油利権、電気利権を独占**しているという状況があった。

そんな中、ニコラ・テスラの研究は、ほぼ完成していた。その手法は、大気中の火花放電を利用して数万ボルトの高電圧を発生させ、地球の電気振動と共鳴させること

ユダヤ社会最大のタブーに触れたことで、その研究と共に“消された”ニコラ・テスラ

で、無限にエネルギーを得ようというものだった。

つまり、彼は地球をエネルギーの発源装置とみなしたのだ。

必要なものは大気と地面だけだから、地球上のどこにいても自由に、無料でエネルギーが得られる。

この壮大な試みに**J・P・モルガンが飛びつき、出資**を名乗り出た。

モルガンがテスラにつくらせたのは、表向きはラジオの送信塔だったが、実際には、音声データや画像、映像、そしてエネルギーまで送ることができる送電タワーだった。

「彼ら」の逆鱗に触れた者の〝恐るべき末路〟

しかし、ついに研究が完成し、テスラの理論が白日の下に……という段になって、なんとモルガンが出資の打ち切りを表明した。

そればかりか、タワーや研究所までも爆破してしまったというのだ。いったい、なぜか。

その理由は、**モルガンがロスチャイルド一族の支援を受ける関係だったことにある。**モルガンはテスラを気に入っていたようだが、テスラの発明はロスチャイルド、つまりユダヤ利権にとって都合が悪かったのだ。

結局、テスラの研究はすべて灰になり、彼はホテルの一室に幽閉され、1943年、非業の死を遂げた。

部屋にはいくつかの文書が残されたが、それすらFBIによって根こそぎ持ち去られている。テスラの理論が外に漏れるのを恐れたのだろう。

このように、ロスチャイルドやロックフェラーによって社会的に抹殺された科学者は少なくない。

他に有名なのが、アメリカ人技術者、**スタンリー・メイヤー**だろう。彼は、水を電気分解することで発生するガスを用いて走る車を発明した。そして、1998年3月20日、なんとアメリカ横断を果たしたのだ。

ところが、成功したその日の夜、メイヤーは祝杯の席で口にしたジュースを吐き出し、「毒を盛られた」と倒れてしまう。そしてそのまま、帰らぬ人となった。彼もまた、ニコラ・テスラ同様、抹殺されてしまったのだ。

東日本大震災の原発の事故以来、日本でもフリーエネルギー開発の機運が高まっている。もし、これらに関して何らかの不可思議な事件が起こったとしたら……。そこには、何らかの陰謀が隠れているかもしれないのである。

3章

「戦争」の陰に〝謎の資本〟あり

——混乱に乗じて「富」を総取りする驚愕の手口

日露戦争は同胞のための「敵討ち」だった？

20世紀最初の国家総力戦として知られる**日露戦争**。極東の小国である日本が大国ロシアに勝利した戦争として、誇りを持って語る歴史ファンも少なくない。

実はこの**歴史的な勝利に、ユダヤが少なからず関わっている**、と言ったら、驚くだろうか。

まず、簡単に日本とロシアが開戦するに至るまでの経緯を説明しておこう。

1894年、日清戦争が勃発。日本は清に勝利し、遼東《りょうとう》半島や台湾の領有を認めさせ、多額の賠償金を得た。

しかし、「南下政策」をとっていたロシアがこれを警戒、ドイツとフランスを誘って、遼東半島を清に返還するように強く求めてきた。いわゆる「三国干渉」である。

強大な軍事力を誇るロシアに加え、ドイツとフランスを相手に戦争するほどの国力など、日本に残っているはずもなく、結局は遼東半島の返還に同意せざるを得なかった。その後、ロシアはますます南下を進めることになる。

日本はロシアのそうした勢力拡大に危機感を抱いていた。そんなとき、清における権益をロシアに脅かされていたイギリスが日本に近づき、利害の一致により1902年に両国は日英同盟を結ぶ。

ロシアはそんな両国の動きに警戒しながらも南下政策を続けたため、その動きに脅威を感じた日本は、とうとうロシアとの戦争を決意するのである。

“歴史的勝利”の陰で暗躍していたのは……

戦わなければ、植民地にされる――。

日本にしてみれば、選べる道は戦争しかなかったわけだ。

しかし、当時の日本には資金がなかった。日清戦争で清から得た賠償金は、すでに国内の産業発展と軍事拡大に費やされ、ロシアと戦争するだけの軍資金は残っていいなかったのだ。

そこで登場したのが、**ユダヤ系財閥**だった。

当時、日銀の副総裁だった**高橋是清**《たかはしこれきよ》は、外債を売り込むためにイギリスとアメリカへ渡った。結果として、イギリスのロスチャイルド財閥と、アメリカのクーン・ローブ商会という**ユダヤ系財閥からの支援を取りつけることに成功**する。

当初は、イギリスでもアメリカでも外債の引き受けに手を挙げる者はいなかった。しかし、クーン・ローブ商会の**ジェイコブ・ヘンリー・シフ**の助けによって、流れが変わったのだ。

シフはドイツ生まれのユダヤ人で、「全米ユダヤ人協会」の会長も務めた人物だ。その彼が、自身の財閥から資金を出すだけでなく、ユダヤ系の銀行や同胞たちに働きかけたことで、日本の戦費調達が実現したのである。

そうして軍資金を得た日本は、戦艦や武器、装備などを調達し、なんとかロシアに勝利。開戦から約1年半後の1905年9月に**ポーツマス条約**を締結し、戦争の終結を迎えたのである。

✡ 日本の外債を引き受けた「英米の目論見」とは？

ここで、ひとつの疑問が湧いてくる。

なぜ、ユダヤ系財閥が日本のために資金の援助をしてくれたのだろうか。

英米に渡った高橋是清は、予定していた資金を集めることができて喜んだが、**なぜユダヤ人のシフがそこまで日本のために奔走してくれるのか**という疑問も抱いていたという。

まず考えられる理由は、単純に**「金になる」**から——である。

当時、日本が戦争でロシアに勝利する見込みは低いと考えられていたため、外債を引き受けてもらうには、高い金利の設定が必要だった。

つまり、資金を出す側にとっては、日本の外債はハイリスクだが、同時にハイリターンが見込めるものだったのだ。

日本は日露戦争の戦費総額18億2629万円のうち、約13億円を国外から調達している。開戦前年の１９０３年の一般会計歳入が約２億６０００万円であったことを考えても、**外債によって巨額の借金を背負った**ことになる。

しかも、ポーツマス条約締結の際に、アメリカがロシアと裏取引をしていたことから、日本はロシアから賠償金を受け取れず、そのすべてを自国で返済する必要に迫られた。

日本がこのときの借金を完済したのは１９８６年のことだといわれる。つまり、**実に80年以上もの間、国民の税金を使って、亡霊のような日露戦争時代の借金を返済し**続けていたのだ。

言い換えれば、ユダヤ系財閥は多額の日本国債を引き受けたことで、**年利６パーセント**という高額の利息を受け取り続けたことになる。

しかも、当時日本が戦艦や武器などを調達した相手も、ロスチャイルド系の武器商人であった。ユダヤは、日本に金を貸すことで利息を得るだけでなく、その貸した金で武器まで買わせていたのだ。

ポーツマス条約締結の様子。抜け目ないユダヤの策略によって、日本は80年以上も借金を返済し続けた

資金提供の「真の目的」は帝政ロシアの崩壊か⁉

ユダヤには日本に資金援助をするだけの、より大きな理由があった。

話は日露戦争の開戦前にさかのぼる。帝政ロシアの末期、高まる社会的な不満の〝ガス抜き〟のために、ユダヤ人排斥《はいせき》主義がとられ、１８８１〜１８８４年と１９０３〜１９０６年に、**ユダヤ人の大量虐殺（ポグロム）**が行なわれた。つまり、ユダヤにとっては、帝政ロシアは同胞を殺した憎むべき敵なのである。

そこで、ロシアの南下政策に危機感を抱いていた日本をけしかけて、ロシアへの報復をはかったのだ。いわば、**日本に同胞たちの敵討ちをさせた**わけだ。

しかも、ユダヤは、日露戦争という外からの攻撃だけでなく、テロリストを放ってロシア皇帝の暗殺を企てたり、レーニンらがマルクス主義の地下結社をつくる手助けをしたりと、ロシア帝国を内部崩壊させるべく、暗躍していたのだ。

つまり、**日露戦争時におけるユダヤの〝真の目的〟は、帝政ロシアを滅亡させることだった**。そして、日本はそれを実現させるための、ただの駒にすぎなかったのだ。

日本はユダヤにとって、**巨額の利息を払い続ける財布**であり、**帝政ロシアへの報復の手先**であるという、実に都合のいい存在だったのである。

世界の戦争は誰が引き起こしている?

ユダヤ人は商才に長《た》けていることで知られるが、その才能は、金融はもとより、さまざまな商品取引の分野で発揮されている。**軍需産業**もそのひとつだ。

人類の歴史において、戦争がなかった時代はない。いつの時代も、世界中のどこかで、対立と争いが絶えず起こっている。

近代以降の戦争では、銃や大砲、ミサイルと、それらに必要な銃弾、砲弾、弾薬から、それらを運ぶ車両や航空機、艦艇、そして、敵の存在を察知するためのレーダーや人工衛星に至るまで、さまざまな兵器が必要とされる。そうした兵器全般に加え、軍隊の装備・備品を製造・販売して利益を上げるのが軍需産業なのである。

ストックホルム国際平和研究所(SIPRI)が毎年発表している世界の軍需企業

ランキングのうち、トップ10の企業を見てみると面白いことがわかる。

それは、第1位のロッキード・マーチン社と第2位のボーイング社が、それぞれロスチャイルドとロックフェラーの系列企業だということだ。


つまり、世界の**二大ユダヤ系財閥が、いわゆる〝武器商人〟のナンバー1とナンバー2を所有**しているのである！

ちなみに両財閥は、銀行や保険といった金融業を筆頭に、石油などの資源・エネルギー産業、金属・重工業などの工業分野、食品、医薬品、メディア、エンターテインメント産業など、**私たちの生活を支えるありとあらゆる産業の企業を所有しているこ**とでも知られる。

近代の戦争は、「軍需産業」なくしては成り立たない。加えて、武器などの原料になる鉄鋼や石油などのエネルギー資源、軍事に携わる人間が消費する食料も欠かせないし、戦費の調達先として銀行などの金融も関わってくる。

ロスチャイルドとロックフェラーは、**戦争に関わるすべての産業を手中に収めているる**といえるのだ。

✡第一次世界大戦を引き起こした〝死の商人〟

ここで、武器商人として巨万の富を得たユダヤ人を紹介しよう。

その人物の名は**バジル・ザハロフ**。**「第一次世界大戦を引き起こした男」**として知られる人物だ。

ザハロフは1849年にオスマン帝国（トルコ）で生まれたユダヤ人で、のちにアテネに渡り、現地の有力者に近づいて、スウェーデンの武器製造人トールステン・ノルデンフェルトの会社に入る。

彼は持ち前の社交性と交渉力を活かして、当時はまだ珍しかった自社の潜水艦をギリシャ政府に売り込むことに成功する。さらに、ギリシャと軍事的に対立していたオスマン帝国にも武器を売り込み、会社に大きな利益をもたらした。

その後、マキシム機関銃を開発したハイラム・マキシムと知り合い、マキシム・ノルデンフェルト社を設立した。

そして、1897年、**イギリスの大手軍需会社ヴィッカース社**がマキシム・ノルデンフェルト社を買収したことで、ザハロフはヴィッカース社の取締役に就任することになった。

何を隠そう、このヴィッカース社の大株主こそ、あのロスチャイルド家である。

ザハロフはロスチャイルドと組んで、賄賂《わいろ》とハニートラップでイギリスの首相ロイド・ジョージを買収し、**ロスチャイルドがイギリス政府の公債を買う代わりに、その半分を武器の購入に充てる**という約束をイギリス政府に取りつけたのだ。

その一方で、ザハロフはイギリス以外にも、ドイツ、ロシア帝国、スペインなど、ヨーロッパ中に武器や軍需品を売りまくった。

さらに、当時ヴィッカース社のライバルだったドイツのクルップ社、フランスのシュナイダー社、イギリスのアームストロング社とも密かに協定を結び、敵味方に関係なく武器を売ることを約束したのである。

このザハロフの暗躍の結果、ヨーロッパ中で軍備拡張が進み、凄まじい量の武器や弾薬が溢れたことで、軍事的緊張は頂点に達した。

そして、1914年6月28日にオーストリア＝ハンガリー帝国の皇太子夫妻が暗殺された**「サラエボ事件」**がきっかけとなり、第一次世界大戦が勃発したのである。
つまり、第一次世界大戦はザハロフとロスチャイルドが裏で糸を引き、起こるべくして起きた戦争なのだ。
その目的は、当然ながら〝利益〟である。彼らに借金を背負わされ、大量の武器・弾薬を買わされた各国政府からは、有り余るほどの金が転がり込んでくるのだ。
ザハロフがとった手口は**「徹底的な秘密主義」**と**「賄賂やハニートラップなどを使った謀略」**、そして**「交戦国のいずれにも武器を売る」**というもので、現在の「武器ビジネス」の背後に隠された手法とまったく変わらない。
まさに彼は**元祖〝死の商人〟**であり、ユダヤの武器商人のあり方を体現しているといってもいいだろう。

世界から戦争がなくならない理由とは？

「私の息子たちが望まなければ、戦争が起きることはありません」

これは、ロスチャイルド家を築いたマイヤー・アムシェル・ロスチャイルドの妻で、国際的な銀行システムをつくりあげてヨーロッパを支配した5人の息子たちの母親、グートレ・シュナッパーの言葉である。

この言葉の裏を返せば、「自分の息子たちが望めば、いつでも戦争を起こすことができる」ということになる。

まさにその言葉通り、**近代に勃発した世界中の戦争は、すべてロスチャイルドの息子たちが支配する〝ユダヤ国際金融資本〟によって計画され、実行に移されたもの**だった。

前述した第一次世界大戦はもとより、第二次世界大戦もナチス・ドイツに資金を援助した上で、連合国側と対立するように仕向けているし、日本に落とされた**原爆の開発にも、ロスチャイルドとロックフェラーの両財閥が20兆円ともいわれる莫大な開発資金を提供**していた。

そして現在も、彼らの戦争ビジネスは続いている。

ロッキード・マーチン社やボーイング社などの軍需会社が武器を売って利益を上げるという直接的な商売だけではない。

国家のお金が軍需会社に大量に流れ込むシステムをつくり、**世界各地に紛争と対立の〝タネ〟を仕込んで戦争や内戦を起こす**のだ。

それらは、かつてザハロフが行なっていた手口と何ら変わりはない。

「なぜ、世界から戦争がなくならないのか？」

その答えは簡単だ。「戦争を起こす者たちがいるから」である。

戦争は利益を生む。しかも、生み出される利益は莫大だ。その利益を欲する者たち＝ユダヤは、あえて戦争を起こしている。

また、その先に〝武力と経済による世界統一〟という彼らの恐るべき真の目標が横たわっていることも忘れてはならない。

「東西冷戦」と「地球温暖化問題」に隠された陰謀とは?

世の中にはさまざまな陰謀論が存在するのだが、そのひとつに**「東西冷戦・地球温暖化陰謀説」**がある。一見すると直接には関係のない「東西冷戦」と「地球温暖化」のふたつが結びつけられているのは、なぜだろうか。

これはひと言でいえば、**「東西冷戦と地球温暖化によって人間をマインドコントロールしているとする陰謀説」**である。

東西冷戦が終結した直後から、ある組織(秘密結社のフリーメイソン、あるいは世界的に影響力のある政治家、企業の代表、ヨーロッパの貴族などによる完全非公開の会議であるビルダーバーグ会議など)の陰謀で、意図的に地球温暖化論が唱えられはじめたというのだ。

その目的は、人々の目を「核心」の部分からそらさせることだという。

なぜ、アメリカからソ連に〝原爆の製造情報〟が流れたのか

まず、東西冷戦の陰謀からひもといてみよう。

第二次世界大戦当時、アメリカとソ連は連合国として協力体制にあったが、戦後、両国の対立が明確になり、世界は、資本主義・自由主義のアメリカ陣営（西側）と、共産主義・社会主義のソ連陣営（東側）とに二分された。

アメリカとソ連が直接交戦することはなかったが、外交や経済をはじめ、両国はあらゆる面で厳しく対立することとなる。

特に顕著だったのが、**核兵器開発**と**宇宙開発**だ。アメリカとソ連は、両分野において競うように研究・開発を進め、核兵器の大量保持と軍備拡張を行なう一方で、有人宇宙飛行や月面探査でもしのぎを削ったのである。

実は、この**東西冷戦の構造をつくったのがユダヤ**だという説がある。そのことにつ

いては、「核兵器」という視点で考えると真相が見えてくる。

世界で初めて核兵器の開発に成功したのはアメリカだが、ソ連も1949年8月に原爆の実験を成功させている。

ところが、このソ連の原爆は、ソ連が独自開発したものではなく、アメリカの原爆を真似てつくられたというのだ。ソ連の原爆開発計画の責任者を務めていた物理学者ユーリ・ハリトンは、のちに**「ソ連の原爆はアメリカからのスパイ情報をもとに製造された」**と証言している。


さらに驚くべきことに、原爆の製造情報をソ連に流したのは、**「マンハッタン計画」(アメリカ、イギリス、カナダが科学者、技術者を総動員した原爆開発計画)の中心人物であったロバート・オッペンハイマー**だったというのだ。

核の一極集中を恐れた科学者が、その良心から原爆の情報を流した――ということらしいが、それは表向きにつくりあげられた〝美談〟にすぎない。

なぜなら、情報が漏洩された「本当の理由」は、**ユダヤによる世界の支配と核兵器ビジネスのため**だからだ!

米ソが対立して〝一番儲けた〟のは……

原爆の製造には、原料となるウランが欠かせない。

マンハッタン計画では、アフリカのコンゴからウランを調達していた。当時、コンゴは世界最大のウランの産地で、その**ウラン鉱山の権利を持っていたのがロスチャイルド**だったのである。

日本への原爆の投下で、核兵器の威力と影響はすでに実証済みだ。各国はこぞって核武装に走ると予測された。ウランを握っていれば、天文学的ともいえる巨額の利益が転がり込んでくるのである。

世界に軍備を拡張させ、核兵器を売るためには、**「対立構造」をつくりあげる**のが手っ取り早い方法だ。そこで、二大大国であるアメリカとソ連を対立させた。これが冷戦の真相だ。

アメリカはユダヤの言いなりであるからよいとして、なぜソ連までユダヤの思い通りに動くのかと疑問に思うかもしれない。

しかし、思い出してほしい。**ロシア革命を遂行させ、ソ連をつくらせたのは、いったい誰なのか――。**

冷戦時代の最盛期には、アメリカが約3万1000発、ソ連が約4万5000発の核弾頭を所持していたという。これによって**どれだけの金がユダヤに流れたのか、**想像もつかない。

✡ 〝原子力発電〟を推進すると誰が得をする?

1991年12月、ソ連が崩壊したことで東西冷戦は終結を迎えた。

そして、それとほぼ時を同じくして、世界には新しい問題が提示された。

そう、**地球温暖化問題**だ。

しかし、この地球温暖化問題を懐疑的にとらえる意見は少なくない。

まず、「そもそも地球は本当に温暖化しているのか?」という疑問がある。地球は過去にも寒冷化と温暖化を繰り返しており、たとえここ数十年から数百年の間に気温が上昇傾向にあるとしても、過去の気候変動の範囲内なのではないか、という指摘があるのだ。

また、「ニューヨーク・タイムズ」紙の記事によると、半数以上の気象予報士が、「どちらかといえば地球は寒冷化に向かっている」と感じているようだ。

他にも、

「温暖化は本当に人為的なものによって引き起こされているのか」

「CO_2が増えたことが温暖化の原因なのではなく、温暖化したことでCO_2が増えたのではないか」

「温暖化の本当の原因はCO_2ではなく、太陽活動の影響なのではないか」

など、地球温暖化に対しては、さまざまな反対意見が存在するのだ。

そんな反対意見の中で、最も過激な意見として、**「地球温暖化問題は、利権目的のために誰かが意図的に仕掛けた」**というものがある。

地球温暖化問題で誰がどんな得をするのかといえば、まず挙げられるのが**原子力産業界**だ。

石油などの化石燃料でまかなう火力発電に比べ、原子力発電はCO_2の排出量が少ない。そこで、**原子力発電を推進するために、CO_2を問題視するように仕向けた**というわけだ。原子力発電に必要なものは**ウラン**。誰が得をするのかは、すでに述べた通りである。

✡アル・ゴアは〝都合のいい広告塔〟にすぎない⁉

もうひとつ、地球温暖化問題には**大きな利権**が絡んでくる。**排出量取引**だ。

これは、国や企業ごとに温室効果ガスを排出できる量を「排出枠」として定め、排出枠を超えて排出してしまった国や企業が、排出枠より排出量が少ない国や企業から排出枠を買い、それによって全体としての排出量を枠内に収めるという制度を指す。

要するに、**排出量を〝商品〟として取引する**ことができるわけで、そこに利権が生まれるのだ。

環境ビジネスの利権で儲けた人物としては、**アメリカの政治家アル・ゴア**がわかりやすい例だろう。

2006年、地球温暖化問題を取り上げたドキュメンタリー映画『**不都合な真実**』

ノーベル平和賞を受賞したアル・ゴア（左）を利用し、ユダヤは「環境ビジネス」の利権をほしいままにしているのか——

が公開され、そのセンセーショナルな内容は世界中で話題になった。

同作に出演し、同名の著書も発表したゴアは、環境問題の広告塔として活躍し、2007年にはノーベル平和賞を受賞している。

しかし、『不都合な真実』は、科学的に誤った内容を含んでいるとして、イギリスでは学校での上映禁止を求めて裁判沙汰になるなど、問題にもなった。

ゴアはのちに環境ファンドを立ち上げ、アメリカとイギリスに排出量取引市場を設立し、100億円を超える個人資産を築いている。

環境問題で危機感を煽り、自身は環境ビジネスの利権で儲けているのだ。

うがった見方をすれば、ゴアは自分が利益をあげるために地球温暖化問題を取り上げ、意図的に事実をねじ曲げ、誇張した内容で、人々の危機感を煽ったと考えることができるだろう。

実は、**ゴアの周辺にはロスチャイルドの人間がいた**とされている。つまり温暖化問題がユダヤとつながっていても、なんらおかしくはないのだ。ユダヤは自らが前に出ることなく、世界を動かせるということだろうか。

なぜロスチャイルドはヒトラーの手を逃れられたのか？

「ユダヤ人と戦争」というテーマを考えたとき、第二次世界大戦と**アドルフ・ヒトラー**について語らないわけにはいかないだろう。

アドルフ・ヒトラーは、ナチス・ドイツの総統にして、アーリア人至上主義を唱え、極端な反ユダヤ主義のもとに、組織的にユダヤ人を迫害し、彼らを捕らえて大量虐殺を行なった人物である。

その**ヒトラーには、実はユダヤ人の血が流れていた**とも言われている。ヒトラーの父アロイスは、ある裕福なユダヤ人が家政婦との間に生ませた子ではないか、という疑惑があるのだ。

それなのに、なぜヒトラーはこうまでユダヤ人に敵意を向けるようになったのだろうか。

ヒトラーの人生を変えた〝愛する母の死〟

彼の反ユダヤ思想は、その前半生に形成されたといわれている。

ヒトラーは１８８９年４月20日、ドイツとオーストリアの国境の街ブラウナウで、父アロイス・ヒトラーと母クララとの間に生まれた。

ちなみに、このブラウナウ一帯は、古くから霊能力者が数多く誕生する土地で、**〝霊媒地方〟**として知られていた。後年、**ヒトラーがオカルトに強い関心を寄せていたの**も、この出自と深くリンクしていた可能性が十二分にあるだろう。

ヒトラーは裕福な家庭で育ち、小学校時代は成績優秀な優等生だったが、１９００年に父親によってリンツ州の職業訓練学校へ入学させられると、意に沿わない進学だったこともあってか、学業不振に陥って落第を繰り返すようになった。

１９０３年に父アロイスが死去した後も成績は上がらず、素行もよくなかったため、ヒトラーは学校を退学になる。

やがて、芸術家を志してウィーンへ行き、ウィーン美術アカデミーを受験するも、不合格となってしまった。

失意の中、実家へ戻ったヒトラーをさらなる悲劇が襲う。

最愛の母クララが乳がんであることが発覚し、1907年12月、47歳の若さでこの世を去ってしまったのだ。

母の死は、18歳のヒトラーに非常に大きなショックを与えたという。クララの治療にあたった医師のエドゥアルド・ブロッホは、このときのヒトラーの様子について、「私は40年近くも医者をやってきたが、あのときのアドルフ・ヒトラーほど悲しみにうちひしがれた人間を見たことはない」と回想している。

ちなみに、ブロッホはユダヤ人だったが、彼の治療に恩を感じたヒトラーは、「先生に対する感謝の念を一生忘れない」と言い、のちにユダヤ人の迫害が始まった際にも、ブロッホを特別扱いし、アメリカへの亡命も許している。

かくして〝政治家ヒトラー〟は誕生した

母を亡くしたヒトラーは再びウィーンへ行き、放浪生活を始める。両親の遺産を切り崩しながら、自分で描いた絵を売って小銭を稼いでいた。

実はこのとき、ヒトラーの絵を扱ってくれたのがユダヤ人画商だった。ウィーン時代にヒトラーが接したのは、ユダヤ人のほうが多かったとさえ言われるほど、**当時のヒトラーはユダヤ人の支えによって生活していた**のである。

ただ、このウィーン時代に、ヒトラーが**「大ドイツ主義」**と**「反ユダヤ主義」**に目覚めたことは事実で、芸術家から政治家へと自身の進路を変えていく。

この時期に、歴史や科学などの膨大な書物を読破し、その中で人種差別を正当化するような人種理論や反ユダヤ主義の思想に触れたことが、彼の政治思想を方向づけていったと考えられている。

多感な少年時代を過ごしたリンツを含め、当時のオーストリアの社会をユダヤ人が支配していたことも、少なからず影響があったと見ていいだろう。

あのヒトラーでさえも、ロスチャイルドの巨大すぎる力には手を出し切れなかった……

また、一説には、このウィーン滞在の時期に、神秘主義者であった古書店主と出会い、〝呪師〟としての修業を積んでいた、ともいわれている。

1913年5月、ウィーンを離れ、ミュンヘンに居を移したヒトラーは、翌年に勃発した第一次世界大戦で、ドイツ軍に志願兵として入隊。しかし、結局ドイツは敗退し、軍でも出世できなかった。そこで彼は、1919年、「国家社会主義ドイツ労働者党」（通称ナチ党）の党員となる。

入党した頃には、「ユダヤ人は寄生動物であり、彼らを殺す以外にその被害から逃れる術はない」と語るほど、厳然たる反ユダヤ主義者となっていた。そして、その後は「政治家ヒトラー」として次第に頭角を現わしていくのである。

✡ ルイ・ロスチャイルドの〝奇妙すぎる逮捕劇〟

1933年にナチ党が権力を掌握すると、ナチス・ドイツでは反ユダヤ主義が半ば国是のようになり、国内や占領地にいたユダヤ人を捕らえて強制収容所へ送った。ヒトラーは「ユダヤ人全体を断固除去することが最終目標である」として、徹底的にユダヤ人を迫害していく。

「ユダヤ人狩り」の手は、当然、ユダヤ人であるロスチャイルド家にも及んだ。しかし、その逮捕劇は異例尽くしのものだった。

1938年3月、ナチス・ドイツは武力によって、オーストリアを併合する。

ウィーンのロスチャイルド家にいた当主のルイ・ロスチャイルドは、ゲシュタポ（ナチス・ドイツの秘密警察）から逃れるためにウィーンを脱出し、イタリアへ向かう飛行機に乗ろうとした。だが、飛行場を見張っていたナチス親衛隊の将校に見つかり、自宅へ戻された。

ルイが自宅へ戻ると、間もなくゲシュタポが屋敷へやってきた。しかし、応対した執事が、

「ご主人様は不在です」

と告げると、彼らは踏み込むことはせず、その日はそのまま帰っていったという。

翌日、今度はものものしい装備をした大勢のゲシュタポが屋敷を訪れたが、彼らに面会したルイは、

「昼食をとるまで待ってくれないか」

と言った。

ゲシュタポは面食らいながらも、食事をとることを許し、ルイはいつもと変わらない優雅な昼食をゆっくりと味わい、食後のタバコを楽しみ、持病である心臓病の薬を飲んでから、警察本部へ連行されていった。

当時、ユダヤ人は発見されたら有無を言わさず連行されるのが常であったが、この扱いの差は何だったのだろうか。

その後、逮捕され、地下留置場で1カ月を過ごしたルイは、身柄をウィーンのメトロポール・ホテルに移された。通常なら強制収容所送りになるところなのに、である。

そんなルイのもとへ、ある人物が訪ねてくる。それは、ナチス・ドイツのナンバー2であるヘルマン・ゲーリングが送り込んだ使者だった。

ゲーリングは使者を通じて、オーストリアに残されたロスチャイルド家の全資産と、チェコにあるヴィトコヴィッツ製鉄所を提供すれば、ルイを釈放すると申し入れてきた。ヴィトコヴィッツ製鉄所はロスチャイルド家が所有する製鉄所で、以前からナチス・ドイツが欲しがっていたものだったのだ。

ところが、**したたかなロスチャイルド家は、すでに製鉄所の株の名義をイギリス企業のものに変えており、国際法上、ナチス・ドイツが手を出せないようにしていたの**である。

さらにロスチャイルド家は、「ルイ・ロスチャイルドを釈放する」という条件をつけ、300万ドルの値段でヴィトコヴィッツ製鉄所の売却をナチス・ドイツに持ちかけた。そして、2カ月に及ぶ交渉の末、ついに契約が成立し、ルイは釈放されることとなったのである。

✡ヒトラーの矛盾した「反ユダヤ政策」

不可解なのは、「ユダヤ人の絶滅」を悲願としていたはずのヒトラーが、なぜ憎むべきユダヤ人であるルイを見逃したのか、という点だ。

オーストリアに残されたロスチャイルド家の財産だけでも相当なものであったはずである。さっさとルイを収容所送りにし、莫大な財産を没収すればよかったではないか。

いくら喉から手が出るほど欲しかったヴィトコヴィッツ製鉄所を手に入れるためとはいえ、300万ドルもの大金を払ったうえ、ルイの釈放も許すとは、ヒトラーの主義から外れることではないだろうか。

実は、**ヒトラーの反ユダヤ政策は完全ではなかった**。母の治療にあたったブロッホ医師を特別扱いしたように、すべてのユダヤ人を〝平等に〟迫害したわけではなかったのである。

ルイ・ロスチャイルドの例を見てもわかる通り、ナチス・ドイツは裕福なユダヤ人と貧しいユダヤ人を選別し、その対応を変えていた。金持ちのユダヤ人は資産を提供するかわりに出国を許し、貧しいユダヤ人は容赦なく捕らえていたのだ。

実際、**ヒトラーはロスチャイルドらユダヤ系財閥関係者を、誰一人として殺していない。**

世界を自由に動かせる立場にある彼らは、「ナチスによるユダヤ人の迫害」さえ、かいくぐって生き延びることができたのである。

4章

仕組まれた戦慄の「洗脳計画」と「情報支配」

――メディアは彼らの〝都合のいいように〟操作されている！

世界最強の諜報機関「モサド」の謎

2013年6月6日、イギリスの「ガーディアン」紙とアメリカの「ワシントン・ポスト」紙が報じた次のようなスクープが、世界に大きな衝撃を与えた。

「**アメリカ国家安全保障局（NSA）**が『PRISM（プリズム）』という極秘の通信監視システムを使用して、アップル社やグーグル社、フェイスブック社、マイクロソフト社など、大手IT企業が提供するネットサービスのサーバーに直接アクセスし、ユーザーの電子メールや文書、通話など、さまざまな情報を収集していた」

驚くべきなのは、両紙にこの情報をリークした人物が、顔と実名をさらして名乗り出たことだ。

その人物の名は**エドワード・スノーデン**。彼はアメリカの**中央情報局（CIA）**の元職員で、コンサルティング会社の契約社員としてNSAでも働いていた経歴を持つ。

スノーデンによる暴露を皮切りに、「NSAが大手通信会社のベライゾン社に対して、国内及び国際電話に関するすべての通信記録を提出するよう義務づけていた」ことや、「NSAが世界のコンピューター監視システムの情報を継続的に収集、監視する極秘ツールを持っている」ことなど、「ガーディアン」紙は次々とアメリカ政府の極秘行動をスクープしていった。

NSAの〝ハッキング行為〟の裏にある「闇」

さらに、スノーデンは衝撃的な事実を明らかにした。何と、NSAの〝ハッキング行為〟はアメリカ国内だけにとどまらず、世界中で6万1000件を超えているというのだ。

極めつきは、**NSAが日本やフランス、イタリア、ドイツなど、同盟国を含む38カ国の大使館に対して行なっていた盗聴行為が発覚**したことだった。

こうして、アメリカ政府が極秘で大量の個人情報を入手していただけでなく、同盟国に対して諜報活動をしていたことも明らかになり、国際社会を巻き込んだ大問題に発展していった。

オバマ大統領は火消しに躍起になったが、最終的に「NSAによる組織的な通信記録の収集をやめ、裁判所の許可を受けた上で、特定の通信記録を入手する方法に変更する」など、NSAの情報収集活動に関する改革案を発表するに至っている。

しかし、こうした極秘の情報収集を行なっていたのはアメリカ政府だけではなかった。

スノーデンによれば、**イギリスの政府通信本部（GCHQ）**も、アメリカ通信大手のヤフー社を利用する180万人のユーザーのウェブカメラの映像を傍受し、そのデータを保存していたというのだ。

さらに、2009年4月にロンドンでG20金融サミットなどの国際会議が開催された際、GCHQが各国代表団の電話や電子メールを密かに収集していたうえ、情報収集を目的に、**秘密情報部（MI6）**と共にニセのインターネットカフェまで設置していたことも発覚している。

「IS」は〝イスラエルを守る〟ために組織された!?

アメリカのNSAも、イギリスのGCHQも、両国の**諜報機関**（情報機関）である。CIAやMI6も同様だ。諜報機関の仕事は国内や外国に関する情報の収集や分析であるから、NSAやGCHQが秘密裏に情報を集めることは、言ってみれば当然のことである。

もちろん無断で個人情報を収集したり、密かに盗聴を行なうことは問題だが、彼らにしてみれば、個人の権利よりも国家の安全保障を重視すべきだという理屈で動いているにすぎない。

だが、今回のスノーデンによる暴露情報で問題なのは、そんな〝ハッキング行為〟などではない。

なんと**スノーデンは、イスラム教スンニ派過激組織「イスラム国（IS）」はイルミナティが生み出したと主張**しているのだ！

イルミナティとは、ロスチャイルドの祖マイヤー・アムシェル・ロスチャイルドが設立の際に資金援助をし、**フリーメイソンの上位組織**とも噂されている組織である。

テロリスト集団とイルミナティ（ユダヤ）がつながっているという疑惑については、さまざまな謎が飛びかっている。「9・11事件」が「アメリカ政府（ユダヤ）の自作自演だった」という説もあり、現在進行中のＩＳ壊滅作戦も、同様の図式で語れるというのである。

イルミナティ（＝ユダヤ）が今回、ＩＳをつくりあげたのは、アメリカがシリアを空爆することを正当化するためだという。

スノーデンは次のように語っている。

「アメリカ（ＣＩＡ）とイギリス（ＭＩ６）、そしてイスラエル（モサド）が共同でＩＳをつくった。その目的は、『スズメバチの巣』と呼ばれる作戦により、世界中の過激派を１カ所に引き寄せることにある」

ここで出てくる**モサド**とは、**イスラエルの対外諜報機関である諜報特務庁**の通称だ。

イスラエルを“保護”するためにISは組織されたのか――？

かつてナチス・ドイツには、ヨーロッパ中から恐れられた秘密国家警察（ゲシュタポ）や、ナチスの親衛隊（SS）内の情報部である親衛隊保安部（SD）があったが、モサドはそれらを上回る機動力を持つと言われ、**“世界最強のスパイ組織”**の異名があるほどだ。

ISについてのスノーデンの証言はこう続く。

「ISの指導者バグダディは、過去に1年間、アメリカ政府の管理下に置かれ、モサドから神学や演説法を指導されたり、戦闘訓練を受けていた。

この事実はNSAの文書に記されている。

イスラエル（＝ユダヤ国家）を保護する唯一の方法は、その国境近くに敵をつくり出すことなのだ」

要するに、**イルミナティがＩＳを組織したのは、イスラエルを守るために、シリアを攻撃する口実をつくることが目的だった**というわけだ。

アメリカがアルカイダを組織し、９・11事件をきっかけにして、アフガニスタンやイラクへの攻撃を開始したのとまったく同じ構図なのである。

かねてから、「ＣＩＡやＭＩ６、モサドといった諜報機関は陰謀を行なっている」という噂が囁かれてきた。

しかし、今回のスノーデンの暴露によって、これを単なる噂だと決めつけることはできなくなっただろう。

ただ、のちにスノーデン自身はこのような証言をしていないという情報も出てきており、真相が見えにくくなっていることは確かだ。ニセの情報を流して攪乱《かくらん》するというのは、諜報機関の得意とするところである。

ちなみに、これらの〝世紀の大暴露〟を行なったスノーデンはどうなったかといえば、アメリカ連邦捜査局（ＦＢＩ）が彼を情報漏洩の罪で指名手配したため、現在は国を追われる身となっている。

スノーデンは亡命先を求めながら、２０１６年現在は、期限付きでロシア国内に滞在している状況だ。

彼が再び祖国の土を踏むことができるかどうかはわからない。

『シオン賢者の議定書』から〝ユダヤの陰謀〟は始まった！

もし、何かを調べたいと思ったら、大半の人はまずインターネットで検索するだろう。今や、インターネットが使える環境ならば、どこにいようとも即座に情報が得られる時代だ。

そんな現代とは違い、近代以前は一般の人々が触れられる情報は非常に乏しく、場合によっては、政府や特定の組織によって公開が制限されたり、彼らの都合のいいように歪められた情報が流されることも少なくなかった。ここで紹介する『シオン賢者の議定書』も、そんな時代を背景として生まれた代物である。

『シオン賢者の議定書』——通称**『プロトコル』**と呼ばれるこの文書は、19世紀末にユダヤの秘密政府の指導者たち（**シオンの賢者**）が密かに開いた会議の議事録とされ、

ユダヤによる世界支配の野望とその実現に向けての計画について記されている。**現在語られている〝ユダヤの陰謀〟は、すべて『プロトコル』から派生していると**言っても過言ではない。

これは反ユダヤ主義を煽り、結果としてナチス・ドイツによるホロコーストの要因ともなったことから、**〝史上最悪の偽書〟**とも呼ばれている。

そう、結論から言ってしまうと、『プロトコル』は捏造《ねつぞう》された文書なのである。

『プロトコル』が世界に及ぼした影響とは

『プロトコル』は、1897年8月にスイスのバーゼルで開かれた、第1回シオニスト会議（ユダヤ人代表会議）において発表された「シオン24人の長老」による決議文という体裁を取る文書だ。

全24の議定で構成された内容は、難解な言い回しや内容の重複などが多く、決して読みやすいとは言えないものだが、そこからは**「自由主義思想の批判」「世界支配のためにとるべき方法」「最終的に確立されるべき世界政府の構想」**という3つのテーマが読みとれる。
もう少し具体的に見ると、おおむね次のような主張が記されている。
- はるか昔、民衆（非ユダヤ人）に「自由」「平等」「友愛」という概念を与えたのは我々（ユダヤ人）で、民衆はその〝偽り〟の自由や権利によって、本来的には民衆を守る立場にあった貴族階級などの支配者を滅ぼし、国家の秩序を崩壊させた。
- 権力者たちを争わせ、戦争に導くことで、我々は戦費の利息や復興事業で金を稼ぐ。
- 新聞は民衆を動かす力を持っているが、我々はそうしたメディアを完全に支配下に置いている。また、新しい学問として受け入れられたダーウィンやマルクス、ニーチェも、我々が仕掛けた〝エセ学問〟である。
- 大衆の関心を商工業に引きつけることで、ものを考える暇を与えず、競技、ゲーム、色事などといった娯楽によって堕落させ、他の問題に関心を向けさせないようにする。

◯世界各国で同時に革命を起こし、大衆に国家や政府の無力さを見せつけ、ユダヤの支配を強めていき、絶対的な権力を確立していく。

なるほど、確かに非常に扇動的な内容が並んでいる。これらが実現されれば、すべての民衆（非ユダヤ人）は**ユダヤ人が統治する〝王国〟に、盲目的に服従**することしか許されなくなるのだ。

『プロトコル』が初めて世の中に出回ったのは、1903年に帝政ロシアの新聞「軍旗（ツナミア）」に、その抜粋版と称されるものが掲載されたときのことだといわれている。

2年後の1905年には、その完全版とされる小冊子が発表されたほか、**セルゲイ・ニルス**という神秘思想家の著書にも『プロトコル』の内容が収録された。

ニルスの著書では、『プロトコル』の文書は確かにシオニスト会議の議事録の写しとされている。

そこには「フランスにあるシオンの中央事務局の秘密書庫から持ち出された」とも、「フランスで開かれたフリーメイソンの秘密集会の際に、ある婦人が最高幹部の1人から盗んだ」とも書かれており、出所そのものが怪しいのだが、その後もさまざまな尾ひれが追加されていく。

そして、1917年にロシア革命が起こると、ヨーロッパやアメリカへ逃げ延びた亡命ロシア人たちなどによって、ニルス版の『プロトコル』の内容が出回るようになった。

その衝撃的な内容は驚きをもって翻訳され、世界中で爆発的に読まれるようになったのだ。

〝史上最悪の偽書〟の元ネタはどこにある?

冒頭で、『プロトコル』が〝偽書〟であることには触れたが、では、いったい誰がこの文章をつくったのだろうか。

その作成者とされているのが、**ロシア帝国の秘密警察（オフラナ）**だ。

19世紀末、帝政ロシアでは自由化と近代化の波が押し寄せ、国民はみな貧困にあえぎ、テロが頻発する状況にあった。そこで、ロシア政府は国民の批判を避けるために、彼らの不満のはけ口としてユダヤ人を悪者にすることを画策した。そうしてできあがったのが『プロトコル』だったのだ。

政府の思惑通り、『プロトコル』の発表によって国民の目はユダヤ人に向けられたが、それでも革命の機運は抑えられず、のちに帝政ロシアは崩壊する。

『プロトコル』が〝捏造〟された文書だと発覚したのは1921年8月のことだった。イギリスの新聞「タイムズ」によって、『プロトコル』の内容は、フランスの弁護士モーリス・ジョリーが1864年に著した『マキャベリとモンテスキューの地獄での対話』という本が〝元ネタ〟であったことが暴露されたのだ。

この記事がもとで、イギリスでは『プロトコル』を支持する声は急激に小さくなっていく。また、1934年にはスイスのベルンで同書についての裁判が起こされ、翌年、同書は「盗作され、偽造されたものであり、不愉快な文献である」との判決が出されている。

しかし、**ヒトラーだけは考えを変えなかった。**この裁判の判決を受けても、彼は判決を受け入れず、やがてあの〝史上最悪の大量虐殺〟であるホロコーストへと突き進むのであった。

✡ わざわざ迫害を増長する〝計算〟がなされていた⁉

1964年、アメリカの上院司法委員会においても、『プロトコル』は「偽造された歴史的文書である」と認定され、現在では『プロトコル』が〝捏造〟された書であることは紛れもない事実として受け入れられている。

そして、この〝史上最悪の偽書〟がつくられた理由についても、前述したように、ロシア帝国政府が国民の目をそらす目的だったことが、通説として語られている。

さて、ここからは一歩踏み込んで、本当に『プロトコル』の作成理由が「ロシア政府の目隠し目的」だけだったのかについて、少し考えてみたい。その裏に〝真の理由〟が隠されている可能性はないのだろうか。

他の章でも言及しているが、レーニンら革命家たちを支援してロシア革命を起こし、ソ連をつくったのはユダヤである。

『プロトコル』の〝捏造〟はロシア革命前だとされているが、もしそれが〝何らかの計画〟に基づくものであったなら、帝政ロシア時代の秘密警察にもユダヤの手が及んでいて、その手先が文書の作成に関わっていたとも考えられる。

〝何らかの計画〟――それもまた**〝ユダヤの世界支配〟**の一端だとしたら……。

たしかに、『プロトコル』はユダヤ人にとって非常に危険な書である。自ら〝ユダヤの陰謀〟の存在を喧伝し、ユダヤ人に対する偏見と迫害を増長することになるからだ。しかし、**それすらもユダヤの〝真意〟**なのかもしれない。

たとえば、ユダヤ人＝〝迫害を受ける被害者〟像を世界的に確立させることで、「あらゆる物事の裏にユダヤ人がいる」ことを疑わせないためだったとしたら――。

これについてはまだ推測の域を出ないが、ソ連が絡んでいる事件や事故の背後に、ユダヤの影があることを疑ってみるべきではないだろうか。

「フェミニズム運動」は〝裏の権力者〟にとって都合のいい活動だった!?

世界的に「男女平等」や「女性の社会進出」が叫ばれて久しい。日本でも、雇用や社会活動全般について「男女平等」の実現を目指す方針がとられている。

世界の歴史を見ればわかるように、世界各国では長い間、男性中心の社会が続き、女性は抑圧された存在だった。そうした性差別をなくし、女性の解放と権利の拡張を求める思想や運動、いわゆる**「フェミニズム」**が登場したのは19世紀のことだ。

そのフェミニズムの中でも、特に世界的な盛り上がりを見せた動きに**「ウーマン・リブ運動」**がある。

1960年代後半にアメリカで起こった女性解放運動で、性差別の撤廃や性の解放などを主張したものだ。この運動がきっかけとなって、世界は男女平等社会を目指すようになったといえる。

しかし、この**ウーマン・リブ運動に代表されるフェミニズムにも、ユダヤの陰謀が隠されている**と言ったら驚くだろうか？

なんと、フェミニズムをつくり出したのは、ロックフェラー財団だったのだ！

✡ロックフェラーがフェミニズムを推進する「真の目的」

一般にフェミニズムは、男性に差別され、虐げられてきた女性たちが立ち上がった運動と思われている。ところが、実態はそうではない。

フェミニズム関連の団体は世界各地にあるが、彼らの資金源をたどっていくと、いずれも**ロックフェラーに到達**するのである。

つまり、ロックフェラーが資金を出しているから、フェミニズム団体は活動を続けられているというわけだ。

実際に、ロックフェラー家の第3代当主のいとこ、ニコラス・ロックフェラーという人物が、そのことについて話している。

これは、ニコラスが、映画監督アーロン・ルッソに語ったとされる話だ。

ルッソがニコラスの家を訪ねた際、ニコラスは彼にこう言った。

「ウーマン・リブとは、何だったと思う？」

ルッソが当たり障りのない一般論を答えると、ニコラスは笑いながら次のように語った。

「あれが何だったのか教えてやるよ。俺たちロックフェラーが資金を出したのさ。俺たちがウーマン・リブ運動を後押ししたんだよ。そして、ロックフェラーがすべての新聞やテレビで取り上げさせたんだ」

そして、ニコラスはこう続けた。

「どうしてか知りたいだろう。理由はふたつある。

ひとつは、**ウーマン・リブ以前は人口の半分にしか課税できなかった**からさ。ふたつめは、母親が仕事に行くようになれば、子どもたちは早いうちから学校に通うだろう。学校では子どもたちの考え方を好きなようにできる。親が教える代わりに、学校と教師が家族になって教えるんだ。それがウーマン・リブの主な理由なのさ」

女性が社会に進出し、働くようになれば、女性も所得税を納めることになる。反対に言えば、女性が専業主婦として家庭にいては、所得税の徴収はできないわけだ。つまり、ウーマン・リブは「女性の権利の拡大」が目的なのではなく、**働く女性を増やして、所得税の納税額を上げること**にあったのだ！

所得税は政府の歳入となるが、政府の後ろにはユダヤ系財閥の根がはびこっているわけで、**税収が増加すればするだけユダヤの利益も増える**図式ができている。

また、子どもたちを小さいうちから学校に通わせることで、**自分たちの思う通りの〝教育〟を施す**こともできるというわけだ。

女性に権利を与え、専業主婦を家庭から追い出すことで、税収のアップと子どもたちへの〝教育〟の機会が得られる。それが目的で、ロックフェラー＝ユダヤ系金融は、ウーマン・リブ運動やフェミニズムを支援したのだ。

✡〝男女平等〟の社会が行き着く先とは

男性であれ女性であれ、同じ人間として差別は許されないことだ。しかし、行きすぎた男女平等には問題があるのも、また事実である。

たとえば、**少子化**の問題が出てくるだろう。女性が社会に進出し、男性と同等に働くことで、出産の機会の減少や出産時期の遅れにつながる。

仮に子どもを産んだとしても、仕事と育児の両立の難しさや休職・復職、待機児童の問題など、働く女性を取り巻く環境は非常に厳しい。

そんな状況では、安心して子どもを産むことなどできるわけもなく、それが少子化の要因のひとつになるわけだ。

また、女性の晩婚化や結婚しない女性の増加も、少子化を助長させるだろう。

そして、少子化の問題は人口減少の問題にも直結する。

さて、人口が減ると聞いて、何かに気がつかないだろうか。

そう、**ユダヤが計画する「世界統一政府」の姿は、人口も適度に抑制された〝超管理社会〟**なのだ！

もしかすると、ユダヤがフェミニズムを支援する目的には、先に挙げた理由以外に、少子化による**〝世界人口の抑制〟**も見込まれているのではないだろうか。

〝女性の権利の拡大〟と〝男女平等〟という理想の裏側に何が潜んでいるのか、今一度よく考えてみるべきなのかもしれない。

消された〝広告塔〟マイケル・ジャクソン

２００９年６月25日、〝キング・オブ・ポップス〟として愛された**マイケル・ジャクソン急死**のニュースが報じられるや、世界に激震が走った。

その死因は医師による投薬ミスということで解決をみたが、その裏では謀殺説がまことしやかに囁かれている。

だが、彼の生業は歌手であり、政治家でもなければ、銀行家でもない。仮に謀殺であったとしたら、いったいなぜか？

実は、マイケルが陰謀によって命を落としたという説はひとつだけではない。

たとえば、マイケルの実姉であるラトーヤ・ジャクソンが語った情報によれば、マイケルは、とある宗教団体によって薬漬けにされ、さらに家族からも遠ざけられ、最

陰謀の渦に飲み込まれて、マイケルは命を落としたのか——

終的に殺されてしまったというのだ。

マイケルの楽曲の版権は1000億円以上の価値があり、マイケルが生きているよりも死んだほうがさらに価値が上がると考えた輩《やから》による仕業だという。

実際、彼の死によって、CDをはじめとする関連グッズは爆発的なセールスを記録。イギリス公演のリハーサルの様子をまとめた映画『THIS IS IT』は、世界的に大ヒットした。

他には、マイケルのビジネスに深く関わっていた「J」という人物が、己の利益を守るために、マイケルの専属医であるコンラッド・マレー医師（当時51歳）を操り、マイケル殺しを実行させたという説もある。

怪死の背後に渦巻く不気味な影

一方で、「マイケル・ジャクソンはCIAの陰謀によって殺された」というロシア連邦保安庁（FSB）発とされる情報が、事件直後から流れていた。

この情報を配信した「ラエルサイエンス英語版（2009年7月5日配信分）」によれば、FSBはメドベージェフ大統領（当時）に、

「マイケル・ジャクソンは、ほとんど間違いなく、アメリカのCIAによって暗殺された」

と報告したという。

ロサンゼルスの自宅でマイケルが死の瞬間を迎える直前、ソ連時代に合衆国によって略奪された「EMR兵器」の電磁波パルスが使用されたらしい。

これを使えば、人ひとり心不全を起こさせることなど、たやすいことだ。

だとしても、いったいなぜ、マイケルは合衆国政府の諜報機関CIAに殺されなければならなかったのか？

ＦＳＢの報告書が伝えるその理由は衝撃的なものだった。

生前、マイケルが支援してきたジャーナリストに、ジェーン・バーガーマイスターという女性がいる。この女性は、**人類史上最大規模の犯罪**が進行しつつある事実をつきとめていて、マイケルはその計画を阻止しようとしたために殺されたというのだ。

彼女の調査によれば、**連邦準備銀行を支配しているロスチャイルドをはじめとする銀行家たちがこの計画の中枢**におり、財政上・政治上の利益を獲得するために、アメリカの人口を大幅に減少させる計画を立てていた。そのために彼らは、遺伝子工学によって恐ろしい細菌兵器を完成させたのだ。

そして、これを新型インフルエンザのワクチンと称して強制的に投与することで、未曾有の大量殺人の成就を目論んでいた。

しかもこの計画には、世界保健機構、国際連合、北大西洋条約機構、さらにアメリカ政府も一枚かんでいたというから恐ろしい。

バーガーマイスターはこの事実を世界に伝えようとしたが、彼女の言葉では世界に届かない。だが、それがマイケルの言葉であったとしたら、その影響力は計り知れない。

世界の平和を祈る彼は、この〝国際的シンジケート（犯罪組織）〟による計画を、予定されていたイギリス公演で世界に知らしめようとしていたのだ。

だが、その勇気ある決断は事前に露呈してしまい、ロンドン公演を目前にして、彼は口封じのため、ユダヤの銀行家たちに殺害されてしまったというのだ。

謀殺説はこれだけにとどまらない。なんと、**イルミナティの陰謀**によって殺されたという説もあるのだ。

✡ 世紀の大スター・マイケルは、イルミナティのメンバーだった!?

あまり知られていないが、**マイケルはイルミナティのメンバー**だったらしい。

世紀の大スターが、陰謀組織、それも急進的なイルミナティに所属していた？　いったい、いつ頃から、そしてなんのために？

それは、マイケルがジャクソン5《ファイブ》を離れ、ソロで活動を始めた頃のことだった。

ヒット曲に恵まれず、生活さえも苦しかった時期に、彼らはマイケルのもとにやってきた。自分たちの〝広告塔〟になってくれれば、全面的にバックアップするというのだ。

ハリウッドをはじめとする**アメリカのエンターテインメント業界が、ユダヤ人たちによって牛耳られている**のは厳然たる事実だ。彼らを味方につければ、成功は約束されたようなもの。

かくしてマイケルは、**イルミナティの広告塔を務める**かわりに、レコードの売り上げが10億枚を突破する「人類史上最も成功したエンターテイナー」という地位を手に入れたのだ。

広告塔として彼が課されたことは、ただひとつ。**キリスト教的価値観を失墜させる**ことである。

たとえば、1983年の『スリラー』では自らがゾンビに扮し、悪しき地獄の世界をコミカルに表現して、そのイメージを〝改善〟してみせた。また、1987年の『バッド』では、キリスト教的価値観そのものをくつがえした。

さらに、『デンジャラス』（1991年）というアルバムのジャケット・イラストには、陰謀組織を象徴するシンボルがちりばめられていた。

イルミナティの狙いは見事にはまり、マイケルという大スターを通して、**キリスト教的価値観を深層心理的に瓦解**させることに成功したのである。

だが、両者の関係には、やがて亀裂が生じるようになった。環境問題に取り組むようになったマイケルは、必ずといっていいほど、その問題の背後にイルミナティやフリーメイソンがいることに気づいたのだ。

おそらくそれは、アルバム『HISTORY』（1995年）の頃であろう。なぜならば、同アルバムに収録される**「Money」という楽曲で、ロスチャイルドやロックフェラー、メイソンの最高位を「金のためならなんでもする」などと糾弾**しているのである。

自分の過ちを悔いた彼は、長い苦悩の末、真実を明かすことを決意した。それがなされるはずだった場所が、ロンドン公演だったのだ。

しかし、イルミナティの力によって名声と巨万の富を築いたマイケルは、その直前に〝裏切り者〟として〝落とし前〟をつけさせられたのである。

✡ 〝マイケル・ジャクソン謀殺説〟の真実

最後に、マイケルの死にまつわる〝公式〟な顚末《てんまつ》を記しておこう。

ロサンゼルスにある彼の自宅から救急要請が入ったのは、6月25日の正午近くのこと。だが、救急隊が駆け付けたときは、すでにマイケルは呼吸が止まった状態であったという。そして、UCLA（カリフォルニア大学ロサンゼルス校）付属医療センターに搬送されたものの、同日14時26分、死亡が確認された。享年50歳であった。

死後の捜査で、マレー医師が彼の**死の前日に強力な麻酔薬「プロポフォール」を投与**していたことが判明した。

プロポフォールは無呼吸などの副作用があることが知られているが、マイケルはこれを睡眠薬代わりに、日常的に投与されていたという。

衝撃的な死から2カ月経った8月28日、ロサンゼルス郡検視局はマイケルの死因を「麻酔薬と催眠薬の複合投与によるもの」と正式発表。計画性の有無にかかわらず〝他殺〟と結論づけた。これによってマレー医師は過失致死容疑で訴追されたのである。

以上が、世界に流布されているマイケルの死にまつわる事件の〝真実〟である。

エルヴィス・プレスリーやジョン・レノンしかり、大スターの不可解な死には必ずといっていいほど、不吉な噂がついてまわる。マイケルの死が〝公式〟発表通りのものなのか、ここで紹介したような陰謀による謀殺なのかは、今となってはわからない。

仮に謀殺が真実であったとしても、それが公表されることは永遠にないだろう。しかし、これらの事実を知った上で『THIS IS IT』を見返してみると、彼が〝何か〟をしようとしていたことは確かに伝わってくる。

マイケルが伝えたかったこと……それはやはり、彼自身の背後に潜んでいた闇の存在だったのではないだろうか。

彼の〝最後の姿〟を見るほどに、筆者にはそう思えてならない。

「クール・ジャパン」は日本国民を堕落させるための計画⁉

「クール・ジャパン」という言葉を一度は聞いたことがあるだろう。

これは、**日本政府による対外文化宣伝・輸出政策で使用される用語**だ。簡単に言うと、戦略産業分野であるポップカルチャーを中心とした日本の文化・産業の世界進出促進、国内外への発信などの政策を指す。

民主党・菅政権下の２０１０年6月、経済産業省内に「クール・ジャパン室」が開設されて以来、民間からはアイドルグループＡＫＢ48の総合プロデューサー秋元康氏などが起用されるなど、官民一体となって推進されている国家プロジェクトのひとつである。

２０１３年の日本の放送コンテンツ海外輸出額は約１３８億円であり、約62億５０００万円であった２０１０年の倍となっているのだから、この政策は功を奏したと判断してもよいだろう。

だがその一方で、一部の有識者からは、「クール・ジャパンとして送りだされるポップカルチャーは、日本の伝統的価値観から見て、低位な経済価値を露骨に求めようという意識に偏っている」という指摘も出ている。

また、大衆文化を含めた日本文化、日本的価値観そのものに対する国際的理解を高めることに重点をおくべきだという意見もある。しかし、こうした意見が取りあげられる機会は極めて少ないのが現状である。

なぜならば、〝低位〟であることが、むしろ狙いであるからだ。

クール・ジャパン政策の基本設計をしたのは、2003年に内閣府に設置された**知的財産戦略本部**である。

だが、この知的財産戦略本部は、なんとフリーメイソンやユダヤの銀行家たちが主導して設立させた機構だと噂されているのだ。

そればかりではない。この政策の中心をなす**〝オタク文化〟自体が、フリーメイソ**

ンによって意図的に広まったものだという。

✡「オタク文化の拡散」で大衆を〝忠実な奴隷〟に⁉

メイソンによるこの工作が始まったのは、1980年代後半のこと。

日本の伝統的文化の破壊と文化改造、日本人の愚民化、日本での革命の防止などを目的とし、メイドカフェや低次元、低俗なコンテンツなどを恣《し》意《い》的に広めていったのだ。

ユダヤの銀行家たちが、大衆を彼らの忠実な奴隷とするために堕落させてきたのは、これまで見てきた通りだ。それと同じ手法、目的で、**「オタク文化」を新しい日本独自の文化として拡散**したのだ。

そして、日本国民を堕落させたこの〝低位〟な文化をもって、世界中の大衆をも堕落させようとしている。

全世界のマンパワーと資源を独占支配するために**ロスチャイルドが掲げているとさ**

れる、25カ条の「世界革命行動計画」の第8条には、

「酒類、ドラッグ、退廃的道徳、あらゆる形態の悪徳を、代理人を通じて組織的に利用することで、諸国家の若者の道徳心を低下させなければならない」

とある。

クール・ジャパン政策は、まさにこれに当てはまるのではないか。

〝退廃的道徳〟とは、日本のポップカルチャーであり、その代理人とは、この国の政府に他ならない。

もちろん、彼らの目的がそれだけであるはずもない。

この政策によって生みだされる膨大な利益によって、自らの財産をさらに潤沢なものとしようという狙いもあるのだ。

「クール・ジャパン機構」に投資した面々を見ると、筆頭の日本政府の他にも、日本を代表する企業が名を連ねている。

それらの企業は、多くがロスチャイルドやロックフェラーといったユダヤの銀行家の傘下にある企業、あるいは強力なパイプを持つ企業ばかりなのである。

そう、日本のポップカルチャーの海外輸出額が増えたときに潤うのは、この国やその国民ではない。

その背後に〝寄生〟するユダヤの銀行家たちなのである。

群集心理を利用⁉「ゲーム業界」に囁かれる恐怖の洗脳工作

「群集心理を利用して大衆に対する支配権を獲得すべきだ。暴徒の力は無目的で、無意味で、論拠を持たないために、いかなる側の提案にも影響される。独裁支配者だけが暴徒を有効に支配できる」

25カ条の「世界革命行動計画」の第7条には、こう記されているという。

この言葉を実践するかのように、ユダヤはテレビや雑誌、インターネットといったメディアの背後に潜み、ときに直接的に、ときに間接的に大衆のマインドコントロールを行ない、思想の扇動、嗜好の変化を意図的に引き起こす工作をしばしば行なってきた。

そのほとんどが、なんらかの政略的な意図を含むケースが多いのだが、ごく日常的に触れているものに、黒い陰謀が潜んでいることも少なくない。そのうちのひとつに、

「ゲーム」が含まれているのをご存じだろうか?

✡ 恐るべき「ゲーム思考停止陰謀説」が示すこと

今や日本の重要な「知的文化財産」となっているゲームは、1970年代に大流行した某アーケードゲームにはじまり、家庭用ゲーム機、携帯ゲーム機などを経て、今日のスマートフォンのゲームアプリに至るまで、多くの日本人を熱中させてきた。

子ども時代に、両親から「ゲームで遊んでばかりいるとバカになる」と諭された経験がある方もいるだろう。実はこの言葉こそ、ここで語る陰謀論の核心をつくものなのである。

その陰謀とは、**「ゲーム思考停止陰謀説」**だ。

ゲーム市場の発展は、日本の技術力向上にも大きく寄与し、外貨の獲得にも貢献してきた。

だが、同時にゲーム依存者を数多く生み、結果として、自堕落な人間を生みだす危険性を秘めているのもまた事実だ。

実際、向かいあって座りながら、会話を交わすこともなくスマートフォンのゲームに集中しているカップルや学生グループを見かける機会は、決して少なくない。

ゲーム開発の目的は、まさにこうした〝光景〟を現出することにあったのだ。

事実、歴史的大ヒット作となった某アーケードゲームをプレイするために、ゲームセンターには学生やサラリーマンがたむろし、大きな社会問題にまで発展したことを記憶されている方もいるだろう。

✡ 誰もが知るあの大企業まで⁉ ゲーム業界の〝黒い噂〟

ゲーム業界には、あらゆる都市伝説が存在する。たとえば、小さな玩具メーカーであったある日本のゲーム会社を、押しも押されもせぬ無借金の世界的大企業にまで成長させたのが、**アメリカの国防総省とイギリスのロスチャイルド**であるという噂があるのだ。

その噂によると、その企業が発表し、国内外でも大ヒットを記録した日本のゲームソフトをつくったのは、国防総省出身のアメリカ人だという。

当然ながら、開発資金はロスチャイルドが提供したといわれている。

その目的はいたってシンプルで、ゲームによって**「正統な愛国心」を解体し、「政治への関心」を見失わせ、商業主義的な大衆社会を〝創出〟**することだという。

これを都市伝説として一笑に付すのは簡単であるが、事実、その狙い通りの方向に日本が進んでしまったのだから、笑いごとではすまないだろう。

その後も、この手法は繰り返し〝活用〟されており、当時、西側と対立していた旧ソ連によって送りこまれたパズルゲーム**「テトリス」**は、資本主義国の生産能力に少なからず影響を与えたと考えられている。

世界に冠たる日本のゲームメーカーが、ユダヤの〝先兵〟だったとは、にわかには信じがたいかもしれない。

だが、驚くのはまだ早い。なんと、日本で社会現象ともいえるほどの販売数を記録し、シリーズが世界でも高い人気を誇る、ある有名企業のゲーム機の開発を主導したのが、**「タビストック研究所」**だったという驚愕の説まであるのだ。

✡ ロックフェラーが推し進める大衆洗脳工作

タビストック研究所（タビストック人間関係研究所とも）は、１９２２年にイギリスで設立されたとされる、ロックフェラー系列の研究機関だ。

表向きは心理学などの研究所だが、その裏では**ロックフェラーのために暗躍する国際諜報機関**として活動している。

同研究所の目的は、ロックフェラーと彼らが属するグループ、彼に付き従うイギリス支配階級の権力を維持するために、**人間の心理をコントロールする**ことである。

具体的にいえば、世界各国の固有文化や政治観念を変質、または破壊し、アメリカ化を意図的に促進。そして、ＣＩＡと連携しながら、麻薬や同性愛といったタブーをファッションとして流行させ、音楽、薬物、婚外セックスによって大衆の政治的関心を希薄にし、体制に対して迎合するように洗脳するというものだ。

たとえば、１９６０年代のビートルズにはじまる米英のポップ・ソングの国際的流行、１９９０年代以降のアメリカ黒人音楽やファッションの急激な浸透は、彼らの関与によるものだといわれている。実は、別項で述べたマイケル・ジャクソンの楽曲にも、彼らが深く関わっているのだ。

自分の周辺やＥＵ諸国、大国アメリカやロシアの現状を見れば、タビストック研究所の目的が順調に達成されていることが理解できるだろう。

ちなみに、冒頭で紹介した世界的ゲームメーカーの基本戦略は「ゲーム人口の拡大」だという。

そう、**ゲームによる大衆洗脳工作**は、今なお継続されているのである。

ビートルズの大ヒットに隠された「陰の意図」とは？

2012年、『ジョン・レノンを殺した凶気の調律A＝440Hz』（レオナルド・G・ホロウィッツ著、渡辺亜矢訳／徳間書店刊）なる1冊の書籍が話題になった。〝人間をコントロールする「国際標準音」に隠された謀略〟という副題を持つこの本には、音に隠されたユダヤの陰謀、**〝国際標準ピッチ陰謀説〟**について、こと細かに記されていた。

国際標準ピッチ陰謀説は、音楽にまつわるユダヤの陰謀論だ。

音とは振動である。1秒間に1回振動するとき、その振動は周波数1Hzとなる。周波数が小さいほど低い音であり、大きいと高い音になるのだ。

音階は、A＝ラ、B＝シ、C＝ド……、G＝ソとなっている。音階が1オクターブ上がるというのは、振動数が倍になることだ。隣の音（たとえばドの隣はド♯、その隣はレ）にいくと、振動数がつねに約1・059倍（正確には$\sqrt[12]{2}$倍）になるように、1オクターブを12等分したものを、「平均律」という。

つまり、音階が12回上がると、振動数がちょうど2倍になるように決められているのだ。

現代の西洋音楽では、平均律A＝440Hz（〝ラ〟の音）を基準にして「国際標準ピッチ」を定めており、ギターなどの現代楽器はこの音をベースにチューニングされている。この場合は、ドは約523Hzになる。

しかし、これはロックフェラー財団が、**現代人の意識をより攻撃的に、不安定に、独善的に変革するために決めた**ものだというのだ。

ジョン・レノンは知っていた!? 人々を狂わせる〝現代音楽の罠〟

この研究が進められたのは、第一次、第二次世界大戦のはざまの、1930年代だ。戦争の仕掛人、ロックフェラーとロスチャイルドの二大財閥が、世界をさらなる混乱に導くべく、**人々の戦意を高揚させる音楽**をつくらせたのだという。

ビートルズが世界的に大ブレイクしたのは“闇の周波数”440Hzがあったからこそ!?

事実、ロックフェラー財団のアーカイブの中には、財団からの助成金を受けて**人間の精神を乱す周波数に関する研究**を進めた、音響エンジニアらのレポートが残されている。このアーカイブには、いかに自然療法を否定し、人間を薬漬けにするかについてのレポートも含まれているという。

この440Hzの伝道者として有名なのは、**エルヴィス・プレスリー**と**ビートルズ**だ。彼らの音楽に熱狂し、集団ヒステリーまで起こす人々がいる一方で、「最近の音楽は耳障りだ」と、顔をしかめる層も少なくなかった。

当時は、エネルギーに満ちた若者に対す

る年寄りのひがみだと揶揄《やゆ》する声もあったが、周波数の観点から見ると、それは当然の反応だったといえよう。

プレスリーやビートルズの音楽の流行の陰には、**社会的不安を誘発し、増幅しようとする、陰の意図**があったのだ。

しかし、440Hzの悪影響に気づいたジョン・レノンは、その陰でA＝444Hz、つまりC＝528Hzになるような音階で音楽をつくっていた。

この周波数は、**傷ついたDNAを修復するほど強い癒しの力**を持つという。

ちなみに、ジョン・レノンがつくったC＝528Hzの楽曲は、『イマジン』なのだそうだ。

彼の暗殺理由は、440Hzの秘密を知っていたからではないかともいわれている。

1939年以降、世界ではA＝440Hzを基準に音楽がつくられてきたが、近年になって〝洗脳が解けた〟といわんばかりに、癒しの周波数C＝528Hzを用いた音楽をつくる音楽家も増えはじめている。

ビートルズのメンバーだった**ポール・マッカートニー**もその1人で、1999年以降、自身やバンドのチューニングにC＝528Hzを用いているのだという。

5章

水面下で画策される「世界帝国の樹立」とは

——イルミナティ、フリーメイソン……脅威のネットワークの驚くべき陰謀

〝闇の帝王〟フリーメイソンは「目的」を果たすための〝持ち駒〟のひとつ!?

現在、**世界の資産の実に90パーセントは、ユダヤ系の財閥がおさえているという。**そして、これらの財閥のトップのほとんどが、なんと**高位の「フリーメイソン」メンバー**だともいわれている。

秘密結社フリーメイソン――それは「会員同士の相互扶助を目的とした友愛団体」という表向きの姿を隠れ蓑《みの》に、数多くの陰謀を謀ってきた、世界最大にして最古の〝秘密結社〟である。

だが、そのことが表沙汰になることはほとんどない。彼らは謎のベールに包まれ、**その実体が見えない〝影の帝王〟**なのである。

そして、今この瞬間にも、我々のあずかり知らないところで陰謀を画策し、何世紀にもわたって世界を陰から操ってきたといわれているのだ。

そもそもこの集団は、出自からして謎めいている。代表的な起源説だけでも、「ソロモン神殿の職人説」「ピタゴラス説」「テンプル騎士団起源説」「石工職人組合起源説」「薔薇《ばら》十字団起源説」などがあり、どの起源にも**「秘密主義」「相互扶助」**のキーワードが含まれている。

諸説ある中で、「フリーメイソン」という言葉が「自由の石工」という意味をなすことから、中世の石工職人の組合から発生したとされる「石工職人組合起源説」が有力視されている。

フリーメイソンの紋章の「コンパス」と「直角定規」は、「石工職人組合説」を裏づける〝証拠〟だといわれている。しかし、メイソンの象徴とされる「プロビデンスの目」（ホルスの目）にはピラミッドのモチーフが使われているため、ピラミッド建設に関わった石工職人が原点ではないかとも考えられている。

いずれにしても、何らかの〝秘儀〟を守る集団であったフリーメイソンだが、17世紀に入り、彼らが守り続けてきた秘儀に魅了された貴族や上流階級、知識人たちが合流したことを機に、転換のときを迎えることになる。

✡イギリスの飛躍の裏でメイソンも〝近代化〟していた⁉

18世紀は、フリーメイソンが近代的組織へと変貌を遂げた時代である。

1717年、イギリスにあった4つの独立ロッジ（集会所の意。古代ユダヤのシナゴーグ＝集う場所に由来）が会合を持ち、グランド・マスター（大親方）を選出し、1723年には、「フリーメイソン憲章」が制定された。

当時のイギリスは、名誉革命（1688年）を経ていち早く近代的な議会制度を確立し、産業革命（18世紀）においては、産業と社会構造の変革にも成功していた。

さらには自然哲学者であり数学者のアイザック・ニュートンや、哲学者ジョン・ロックが登場するなど、政治・経済・文化とあらゆる側面で、世界の頂点に立っていた。

ちなみに、ニュートンはフリーメイソンであり、彼の友人の多くも所属していたと伝えられている。

こうしてイギリスの発展とともに、フリーメイソンも世界へと羽ばたいていく。

18世紀以降になると、フリーメイソンは、動物磁気説のフランツ・アントン・メス

「コンパス」と「直角定規」で構成されたフリーメイソンの紋章

マー、カリオストロ伯爵など、**稀代のオカルティストたちの活躍の場**となる。そして、他の秘密結社と交流、あるいは抗争を繰り返しながら、それぞれの思想をも取り込み、より神秘的傾向を強めていったのだ。

秘密結社「イルミナティ」とフリーメイソンの〝融合〟

そうした秘密結社の中に、バイエルン選帝侯領にあったインゴルシュタット大学の法学部教授、アダム・ヴァイスハウプトが1776年5月1日に設立した**「イルミナティ」**という秘密結社があった。

おおいぬ座のシリウスから発せられる

「光明」を意味するイルミナティは、ヴァイスハウプトが太古の密儀を追究する過程でたどりついたシリウス信仰を原点とする。

メイソンのなかでも刺激に飢えていたエリート層は、その神秘性に魅せられて、こぞってイルミナティに参加したという。

その一方で、イルミナティ設立からわずか1年後に、その設立者であるヴァイスハウプトがフリーメイソンに入会していることから、**フリーメイソンとイルミナティのある種の〝融合〟**が、この時代から始まったと考えられるのだ。

メイソンの中枢に食い込むユダヤ思想

そして、この**イルミナティの設立の後ろ盾**と噂されているのが、**ロスチャイルドの祖であるマイヤー・アムシェル・ロスチャイルド**だという。ヴァイスハウプトがイルミナティを設立する際、彼が資金援助をしていたというのだ。

マイヤーは世界各地に張り巡らせたフリーメイソンの独自のネットワークに目をつけ、その中枢に入り込もうとしていた。

だが、イギリス中心であった当時のメイソンに、ユダヤ人であるマイヤーがつけいる隙はない。そこで、ヴァイスハウプトを手駒にして、メイソンに食い込んだというのだ。

それを裏づけるように、**今日のメイソンの中枢には数多くのイルミナティが存在し、**メイソンの上位組織とまで噂されている。

さらに、世界中の資産の90パーセントをおさえているユダヤ系財閥のトップは、アメリカの高位のメイソン、それもイルミナティ系メイソンとその構成員たちであるという。

いずれにしろ、**イルミナティを媒介として、フリーメイソンとロスチャイルドが結ばれた**ことは間違いないだろう。

「イルミナティは、理性、利益欲望の思想、金銭崇拝の精神を唯一の法典とする」という言葉をヴァイスハウプトが残したことから、組織の中枢にユダヤ財閥の金満思想が横たわっていたことは確かなようだ。

そして、**ユダヤの膨大な資金と人脈をバックに、フリーメイソンはイルミナティを**

利用して、巨大な陰謀組織へ成長するきっかけをつかんだのだ。

✡ アメリカ建国の〝隠れた立役者〟フリーメイソン

それを裏づけるように、この時代からフリーメイソンはさまざまな形で**歴史に介入**し、〝裏〟から操りはじめている。**アメリカ独立戦争**（１７７５年～83年）に、**フランス革命**（１７８９年）、**ロシア革命**（１９１７年）と、その例を挙げれば枚挙にいとまがない。

具体例として、アメリカの独立に関して記述しよう。

１７７６年7月に採択されたアメリカ独立宣言の起草者、**トマス・ジェファーソン**。そして、ジェファーソンの協力者**ジョン・アダムズ**と**ベンジャミン・フランクリン**。アメリカの独立に絶大な影響を及ぼしたこの3人は、なんとフリーメイソンの一員である。

また、「人間は生まれながらにして平等であり、生命・自由・幸福を追求する権利をもち、その権利を剝奪する政府・国家を否定する権利をもつ」というアメリカの独立を高らかに宣言するこの声明。実はこれも、フリーメイソンの理想をうたったものだったのだ。

さらに、この独立宣言に署名した56人のうち、53人がフリーメイソンだった。「建国の父」**ベンジャミン・フランクリン**や初代アメリカ大統領**ジョージ・ワシントン**もメイソンであったのだから、その影響力がいかほどのものか、容易に想像がつくだろう。

「世界一の大国アメリカ」の背後にユダヤあり！

また、アメリカの1ドル札に刻まれた国璽《こくじ》「万物を見通す目」は**フリーメイソンのシンボルである「プロビデンスの目」**であり、アメリカとフリーメイソンの深い関係を示す事例のひとつとして知られている。

だが、同時にこれは、イルミナティのシンボルでもあったのだ。

実際、アメリカ建国に尽力したメイソンのほとんどが、イルミナティ系のメイソン

イスラエル生まれの女優ナタリー・ポートマンも、
アメリカで活躍する"ユダヤ系アメリカ人"の1人

であったという。

さらに、のちにアメリカの政財界を掌握する**ロックフェラー財閥**も、ロスチャイルドの支援を受けたクーン・ローブ商会を後ろ盾にして台頭したにすぎない。

つまりアメリカは、ロスチャイルド＝ユダヤ人の意志のもと、イルミナティ系のメイソンが建国し、ロックフェラーが発展させたといえるのだ。

それは、**世界一の大国の背後にはユダヤの存在がある**ことを意味している。

現在、アメリカには530万人以上のユダヤ人が〝アメリカ人〟として暮らしている。アメリカの総人口を3億人と考えれば、その数はわずか2パーセント足らずだ。

だが、これはイスラエルに住むユダヤ教徒の人口570万人とほぼ同じである。世界中に約1300万人いるといわれているユダヤ人の半数近くがアメリカで暮らし、独自のネットワークを築いているのだ。

彼らが、アメリカという国をいかに重要視しているかがわかるだろう。もちろん、そのアメリカとて、彼らの手駒のひとつにすぎないのだろうが……。

メイソンの究極の目的「世界帝国の樹立」

歴史の裏側で暗躍するフリーメイソン、そしてユダヤ人の真の目的はいったい何なのか？　それは「人類の統合」である。

「全人類は、現在の国家を廃止して、唯一の共同体をつくるべきである」

つまりメイソンは、最終的に「世界統一政府」が必要だと主張しているのだ。それが、彼らが頂点に立つ世界帝国であり、ユダヤが牛耳る世界帝国の樹立と同義であることはいうまでもない。

ところで、フリーメイソンとイルミナティは、完全に〝融合〟したわけではないようだ。

なにしろ、イルミナティは、フリーメイソン本来の基盤となっている「自由・博愛・平等」の精神など持ち合わせていない輩たちだ。

そのため、メイソンには自由・博愛・平等を唱える**本来の友愛組織である〝表のメイソン〟と、陰謀を企てる〝裏のメイソン〟**という2派が存在するという説がある。

そして、この裏のメイソンこそ、「イルミナティ系メイソン」だというのだ。

彼らの目的もメイソンのそれと同じく世界統一政府の樹立であるが、そのための活動はより急進的である。理想の実現のために〝人口の調整〟が必要だと考える彼らは、アフリカの黒人を殺戮するためにＨＩＶを、中国のモンゴロイドを殺戮するために重症急性呼吸器症候群（ＳＡＲＳ）を世に放ったとも噂されている。

政財界を牛耳り、フリーメイソン、イルミナティといった陰謀組織の中枢にいるユダヤ人にとって最も重要なのは、**「選ばれし民」であるユダヤ人の繁栄**だ。

彼らの構想では、２０５０年頃までに富裕層と貧困層に二極化した完全なる格差社会を構築する予定らしい。首都はエルサレムで言語は英語、通貨はドル、度量衡《どりようこう》はメートル法を採用するそうだ。そして恐ろしいことに、世界の人口は10億人にまで〝縮小〟されるという。

〝秩序が統一化〟された新世界に君臨するのは、もちろんロスチャイルドやロックフェラーなどのユダヤ系財閥当主だ。

この〝理想〟を実現するため、世界最大のユダヤ財閥ロスチャイルドの指導のもと、モルガン財閥やロックフェラー財閥などが政治と経済の中枢に食い込み、世界中で約600万人のフリーメイソンが活動しているといわれている。

〝闇の帝王〟とまで呼ばれる秘密結社フリーメイソンさえも、**ユダヤの大いなる野望を具現化するための駒のひとつ**にすぎないのだろうか。

表から、そして裏から、ユダヤ人たちはこの惑星そのものを牛耳ろうとしている。その実現のためであれば、先兵であるイルミナティは手段を選ばないという。恐ろしい驚異が、いつ人類に襲いかかっても不思議ではない。

だが、それを知ったところで、我々に打つ手はないのだ。

隷属するか、死か――残された選択肢はふたつしかないのだろうか……。

あのソ連邦さえも〝ユダヤの傀儡〟にすぎなかった⁉

資本主義の高度な発達により、共産主義社会が到来すると説いた19世紀の哲学者**カール・マルクス**。彼が目指すのは、資本家による搾取のない平等な社会。いわば、「資本主義」とは真っ向から対立する思想である。

だが、この**マルクスが、なんと「資本主義の権化」ともいえるロスチャイルドと裏でつながっていた**という驚きの説があるのだ。

そう主張したのは、マルクスと同時代を生きたロシアの思想家**ミハイル・バクーニン**（1848年から2年間、ヨーロッパの革命運動に活躍。シベリア流刑中に脱走、亡命。第一インターナショナルに参加したのち、マルクスと対決）である。

いったい、どういうことなのか。バクーニンの主張は、次のようなものだ。

「ロスチャイルド家は共産主義者であるマルクスから多大なる恩恵を受けている。そして、マルクスのほうも、ロスチャイルドに大変な魅力を感じており、賞賛すらしているのだ」

「独裁者にしてメシアであるマルクスに献身的なロシアとドイツのユダヤ人たちが、私に卑劣な陰謀を仕掛けてきている。私はその犠牲者となるだろう。ラテン系の人々だけがユダヤの世界征服の陰謀を叩き潰すことができる」

バクーニンは、このようにマルクスとユダヤを批判した。

その言葉通りに自身が〝犠牲者〟となることはなかったが、「マルクス主義者が権力を握った場合、一党独裁体制を敷くであろう」というバクーニンの未来予想は、ソ連や中国共産党、北朝鮮を見れば明白な通り、見事に的中した。

こうした彼の姿勢は、「反マルクス主義」と「反ユダヤ主義」を混同したものという指摘もあるが、実際にマルクスが、ユダヤ人＝ロスチャイルドと何らかの関係性があった可能性は高いだろう。

✡ ロシア革命を成功させたのも「彼ら」だった⁉

ドイツ社会主義の祖といわれるユダヤ人、モーゼス・ヘスは、マルクスと共に「科学的社会主義」を完成させたフリードリヒ・エンゲルスに多大な影響を与えたといわれているが、彼は初期のイルミナティと結びついていたという。

つまり、ヘスがロスチャイルドと関わりがあった可能性は高く、同時に、彼に影響を受けたエンゲルスもまた、ロスチャイルドと関係性を持っていた可能性が出てくるのだ。

それを裏づけるような事実もある。

マルクスとエンゲルスが所属していた「正義者同盟（義人同盟とも呼ばれる）」は、歴史上最初に生まれたドイツ共産主義の秘密結社であり、のちに生まれる国際的秘密結社「共産主義者同盟」のもとになっている。そして同時に、**イルミナティの地下組織**でもあったというのだ。

資本主義を批判したマルクスは、裏で
「資本主義の権化」ロスチャイルドとつながっていたのか——？

彼らに影響を与えたヘスだけでなく、彼ら自身もイルミナティと関わりがあったことは、「ロスチャイルドと関わりがあった」という仮説をさらに現実的なものとしている。

実際、**マルクスとエンゲルスは、フリーメイソン**の最高位である**第33階級（最高大総監）であった**という説もあるのだ。

そればかりではない。

彼らの思想が結実した1917年の**「ロシア革命」**においても、ロスチャイルドの存在を否定することはできない。

この革命に資金援助をし、続くスターリンの五カ年計画を支援したというアメリカの銀行家ジェイコブ・シフは、マイヤー・

アムシェル・ロスチャイルド時代に「グリューネシルト（緑の盾）」と呼ばれた建物に、ロスチャイルド家と共に住んでいた人物である。

つまり、**ロシア革命はロスチャイルドの息がかかった者によって成功に導かれた**と言っていい。事実、レーニンは、ロスチャイルドが大株主であるクーン・ローブ商会に資金を返済しているのだ。

まさか、と思われるだろうが、**1920年代におけるソ連政府の支配者層のユダヤ人比率**を見れば、それは明らかである。

人民委員会は77パーセント超、軍事委員会が76パーセント超、司法委員会は95パーセント超、社会委員会や新聞委員会に至っては全員がユダヤ人だったのだ！

✡ 目的のためなら敵をも利用する見境のない手口

「資本主義の権化」であるユダヤ銀行家たちが、敵対する共産主義を支援したのは、いったいなぜか？

それは、フリーメイソンとイルミナティの共通の目的である**「世界統一政府の樹立」**に加担するためである。

その樹立に成功すれば、公共財産を管理するユダヤの銀行家は、労せずして世界の財産を手中に収めることができる。

これによって、既存の世界情勢は逆転し、**経済のすべてを掌握したユダヤ人が世界を支配する**というシナリオだったのだ。

ユダヤの銀行家たちは、有能で、カリスマ性のある哲学者マルクスを使って人民を先導し、「世界統一政府」の礎となる共産主義国家の建設を後押ししたのだろう。

仮に、「ソ連を通じた世界統一国家」が飛躍した考えだったとしても、彼らによる陰謀の疑念が晴れるわけではない。

第二次大戦後の米ソを中心とする東西冷戦の構造は、結果的にロスチャイルド一派の懐をさらに温かいものにしたからだ。東西のどちらが勝利したとしても、彼らは損をするはずがなかったのだ。

繰り返しになるが、**ロスチャイルド家が巨万の富を手にするきっかけ**となったのは、イギリス軍とプロイセン軍などがナポレオン率いるフランス軍を撃破した「ワーテルローの戦い」である。

そして、ロシア革命に資金援助したアメリカの銀行家ジェイコブ・シフは、帝政ロシア時代に勃発した日露戦争においては、日本に資金援助を行なっている。

これらをかんがみると、世界はもとより、今日の我々日本人の暮らしも、ロスチャイルドの手のひらの上にあるような気がしてならない……。

なぜ彼らは主要国の〝通貨発行権〟を握り続けられるのか?

第7代大統領アンドリュー・ジャクソン
第16代大統領エイブラハム・リンカーン
第20代大統領ジェームズ・ガーフィールド
第35代大統領ジョン・F・ケネディ
第40代大統領ロナルド・レーガン

この5人には、アメリカ合衆国の大統領であること以外にも共通点がある。

歴史に詳しい方であれば、暗殺、もしくは暗殺未遂事件にまきこまれた大統領であることがすぐにわかるだろう。だが、彼らの共通点はそれだけではない。

✡ アメリカを食い物にする銀行家たち

ご存じの方も多いと思うが、アメリカ合衆国政府には**自国の通貨を発行する権限**がない。現在その権限を有するのは、アメリカの中央銀行制度の最高意志決定機関である**連邦準備制度理事会（ＦＲＢ）**が統括する**連邦準備銀行**である。

前述したように、経済の根幹をなす通貨の発行は政府の一存では行なえず、民間の企業団体の意向に左右されているのである。これでは、喉元に刃《やいば》を突き付けられているようなものだ。

実は、先にあげた5人は、**通貨発行の権限をめぐってユダヤの銀行家たちと戦い、命を狙われることになった大統領**なのである。

独立前のアメリカ金融は、イギリスの中央銀行であるイングランド銀行の支配下にあった。

１７７５年に始まったアメリカ独立戦争によって、イギリスからの独立を果たしたアメリカは、1776年に「アメリカ独立宣言」を発した。そして正式にアメリカ合衆国を建国すると、合衆国憲法第一章第八条第五項に**「合衆国議会は貨幣発行権、貨幣価値決定権ならびに外国貨幣の価値決定権を有する」**と起草したのだ。

それにもかかわらず、植民地時代から続くイングランド銀行の金融支配が変わることはなく、それゆえ歴代大統領たちは、イギリスの銀行家たちと戦い続けてきた。

ここでいうイギリスの銀行家たちとは、古くからイングランド銀行と関わり続けてきた、ロスチャイルドを中心とするユダヤ系財閥の一派である。

彼らは、合衆国憲法が採択されて以来、桁違《けたちが》いの資金力、そして人脈によって、この国で中央銀行を設立し、貨幣発行権を手に入れるべく奔走し続けてきたのだ。

建国当初は、フリーメイソンとロスチャイルドの関係性が発展途上だったのだろう。初代大統領にしてフリーメイソンでもあるジョージ・ワシントンは、ユダヤの存在を警戒していた。

彼に続いて大統領となったジョン・アダムズ、トマス・ジェファーソン、ジェームズ・マディソンらも、イングランド銀行がアメリカを牛耳る歪《ゆが》んだ構造を痛烈に批判している。だが、命を狙われることまではなかった。

最初に暗殺のターゲットとなったのは、第7代大統領であるジャクソンだ。もっとも彼は、二度にわたって切り抜けることに成功。**「銀行が私を殺そうとしているが、私が銀行を殺す」**という名言を残している。

✡リンカーン暗殺の首謀者はロスチャイルドだった⁉

南北戦争（1861～65年）による国家分裂の危機を救った**偉大な大統領リンカーン**。彼がアメリカ史上、最初に暗殺された大統領であることは、周知の通りだ。

そんな彼は、

「私にはふたつの敵がいる。ひとつは南軍、もうひとつはその背後にいる銀行家だ」

と明言するほど、ユダヤ人の銀行家たちを敵視していた。

だが、それはロスチャイルド側とて同じこと。彼らは戦争資金を北側に渡すことを拒み、リンカーンは彼らから金を借りることはできなかった。

そこで彼は、グリーンバック紙幣という**政府紙幣の発行**に踏み切ったのだ。当時の金額で3億4000万ドル超というから、イングランド銀行側にとっては大きなビジネスチャンスをふいにしたも同然だろう。

ロスチャイルドが政府から通貨発行権を取り戻すため、国内外でロビー活動を開始するのも、この頃からだ。だが、リンカーンが屈することはなかった。そのせいだろうか、1865年4月14日、観劇中に彼は狙撃されてしまう。

その後も大統領たちの戦いは続いた。

第20代大統領ジェームズ・ガーフィールドも、**「誰であろうと貨幣の量をコントロールする者がすべての産業と商業の絶対の主である」**として銀行家を批判したが、1881年に暗殺されている。

だが、そうした抵抗もむなしく、1913年、**アメリカにおける中央銀行の設立議案が議会を通過**する。就任したばかりのトーマス・ウッドロウ・ウィルソン大統領を抱き込み、議員たちのクリスマス休暇中に法案を成立させてしまったのだ。

その背後や設立関係者のほとんどが、ロスチャイルドやその影響下にいるモルガン、その息がかかったユダヤ人で占められていたことは言うまでもないだろう。彼らは、ついに宿願を果たしたのだ。

✡通貨発行権をめぐって繰り広げられる熾烈な争い

だが、この流れに対抗した大統領がいた。**第35代大統領ジョン・F・ケネディ**だ。

1963年6月4日、ケネディは財務省に対して、**政府紙幣の発行**を命じる大統領行政命令を発令。ついに通貨発行権を取り戻す。これにユダヤの銀行家たちが憤ったのは説明するまでもないだろう。

だが、その成功も長くは続かなかった。歴史的偉業から半年も経たない1963年11月22日、ケネディはパレード中に暗殺されてしまったのだ。その後、**FRBの暗部に切り込んだ第40代レーガン大統領**も、やはり暗殺未遂事件にあっている。

こうした事件のすべてがロスチャイルドの陰謀であるという明確な証拠は、残念ながらほとんどない。

しかし、リンカーンの暗殺者ジョン・ウィルクス・ブースが受け取ったとみられる

通貨発行権をめぐり、FRBと対立したケネディ大統領。その“代償”はあまりに大きかった

暗号文の解読キーを持っていたのが、ロスチャイルドの親戚であるユダヤ人、ジュダ・ベンジャミンであったという事実は、陰謀を疑う根拠となるだろう。

いずれにしても、ケネディ暗殺後、政府紙幣は回収され、**今日に至るまで政府紙幣は発行されていない**。アメリカの通貨発行権は、再び連邦準備銀行の手中に戻ってしまったのだ。

つまり、**アメリカ経済の根幹は、今なおユダヤ人のもの**なのである。

これは他国の出来事に見えるかもしれない。

だが、我々の国の通貨発行権を握る日本

銀行もまた、政府から独立した法人組織である。

その大半は公的資金で成り立っているとはいえ、出資証券（日銀などの特殊法人が発行する有価証券）は株式と同等にジャスダックに上場しているのだ。

こうした出資証券はユダヤ系財閥が買い占めているという話も聞く。あくまで噂にすぎないだろうが、なんとも薄気味悪い話である。

「影の世界政府」の最高組織さえも〝彼ら〟から逃げられない

イギリスには、「影の世界政府」の最高上層部とされる謎の組織があるという。

その組織の名は**「300人委員会」**。別名**「オリンピアンズ（オリュンポス十二神）」**とも呼ばれ、イルミナティの超選民主義と悪魔主義を基本理念とする、超国家的組織であるという。

その名の通り300人のメンバーからなり（500人という説もある）、陰謀を一手に引き受ける闇の組織だというが、**その〝正体〟についての情報はほとんど明らかになっていない**。

なぜならば、フリーメイソン、及びイルミナティといった陰謀組織と同じように、その機密が厳重に管理されているからだ。

一説によれば、1727年にイギリス東インド会社の「300人会議」が原点となっており、イギリスの貴族層が設立し、今日に至るという。

その組織のメンバーは、王族、政治家、銀行家、実業家、科学者など、政財界に多大なる影響力を持つ者たちで構成され、**フリーメイソンの最高位である第33階級の最高大総監に相当**する。

ここから、「300人委員会」と「メイソンの高位の支配層」がほぼ同じであることが推測できるだろう。当然ながら、その中にはユダヤ財閥であるロスチャイルドやロックフェラーも名を連ねているという。そう、**謎めいた超国家組織すらも、ユダヤの影響から逃れることはできない**のだ。

〝血のネットワーク〟を介した恐るべき影響力

恐ろしいのは、彼らが追い求める〝理想世界〟だ。

要約すると、「人民を堕落、国家を失墜させたのち、戦争と疫病による〝大量殺人〟で人口を〝適量〟にまで減らし、生き残った人類を隷属化する」ことが彼らの最終目的なのだ。

実は、この思想はユダヤ教の主流教派の聖典「タルムード」がその根源にあると指摘されている。

前述した通り、「タルムード」においては、この世界を支配するのはユダヤ教徒で、支配される側の奴隷はゴイム（家畜）と呼ばれる。ゴイムは支配者たるユダヤ教徒に、生涯を通じて奉仕し続けなければならない。

そう、**「300人委員会」が目指すべき理想世界とは、ユダヤ教の理想世界**でもあるのだ。つまり、ユダヤ人によって統一された、ユダヤ人のための世界を構築することが目的だったのだ！

驚くべき彼らの目的もさることながら、300人委員会で注目すべきは、その構成員に**ヨーロッパの王侯貴族が数多くいる**ことだ。イギリスの王侯貴族を筆頭に、ノルウェー、スウェーデン、オランダ、スペイン、ポルトガルの貴族層が会員になっており、これらの王侯貴族は婚姻関係で結ばれているという。

この〝血のネットワーク〟を介して、豊富な資金と人的資源を確保。組織的に活用することで、彼らは世界の政財界に多大なる影響力を固持し続けているのだ。

ロスチャイルドの息のかかった「穀物メジャー」が企む壮大な計画

ユダヤ人たちは、人間が生きていく上で欠かせない〝食〟の側面においても、その支配力を振りかざしているという。

それが、**「食糧備蓄陰謀論」**だ。

これはイギリスの諜報機関「MI6」の情報将校であったジャーナリスト、ジョン・コールマンらが主張しているものだ。

小麦や大豆、トウモロコシといった穀物の流通に多大なる影響力を有する国際的な商社群**「穀物メジャー」が、一世代しか使えない一代交配種を意図的に生み出し、それを農業生産者に売りつけている**とする陰謀論である。

これにより、農業生産者を穀物メジャーに依存＝服従させ、彼らから種子や肥料、農薬を購入せざるを得ない構造を構築。彼らの目的にとって都合が悪い存在である独立自営農民を駆逐することが目的だという。

さらに、彼らの影響下にある政府に食糧を備蓄させ、政策に対して批判的な立場をとる者には食糧を与えないという、いわば兵糧攻めのような策も練られているという。

ここまでなら、よくある噂話だとも思える。しかし、ロスチャイルドの息のかかった穀物メジャーがこの陰謀に関わっているとしたら……灰色の疑惑が、黒く見えてこないだろうか。

日本にも〝陰謀の魔の手〟が及んでいる⁉

穀物メジャーの影響力は絶大である。

身近な話をすれば、**アメリカの対日貿易政策**にも影響を与えたといわれている。

第二次世界大戦後の日本の学校給食で、パン食や肉食メニューを増やし、**日本人の食習慣の欧米化**を促進、対米穀物輸入を増加させたのは、穀物メジャーの暗躍によるものだったという。

この陰謀に関わっているとされる穀物メジャーの代表格は、**カーギル社**や**モンサント社**である。

カーギル社は、アメリカ合衆国ミネソタ州に本社を置く商社である。彼らのビジネスは穀物、製塩、精肉など食品全般、さらに金融商品にまで広がっている。

その資本を支えているのが、ロスチャイルドの一派であり、ロックフェラー一族が会長を務める**チェース・マンハッタン銀行**だという。

さらに、研究資金はロックフェラー財団が提供するというおまけまでついているというのだ。

また、アメリカのミズーリ州に本社があり、カーギル社と親密なモンサント社も、研究費などでロックフェラー財団の援助を受けているとされる穀物メジャーだ。彼らの**遺伝子組み換え作物の種における世界シェア率**は群を抜いていて、実に90パーセントに達するという。

モンサント社が提供する遺伝子組み換え作物や除草剤などは、人間の健康と環境の両方を脅かすとされ、しばしば糾弾の対象にもなっている。しかし、それに彼らが屈することなどありはしないだろう。

いずれにしても、こうした**アメリカの穀物メジャーの背後にはロックフェラーの存在があり、その胴元は、当然のことながらロスチャイルド**だろう。

そもそも、アメリカで最初に成功した穀物商であるドイツ系ユダヤ人（といわれる）アイザック・フリードランダーは、ロスチャイルド家の一族であった。

つまり、**現在の構造は、はじめから仕組まれていた可能性すらある**のだ。

だとすれば、やはり穀物備蓄陰謀は存在していたとしか考えられない。少なくとも、筆者にはそう思えてならないのだ。

「米中の対立構造」は〝大国から金を巻きあげる〟ための演出だった!?

日本を抜き、今やアメリカを猛追するまでに経済的発展を遂げた中国。経済の失速が囁かれるようになって久しいが、それでもここ十数年の急速な成長には、目を瞠《みは》るものがある。

しかし、この成長の背景にも、ユダヤ人の影が見え隠れしているのだ。

世界中に四散した中国人は、独自のコミュニティ＝ネットワークを構築し、現地の政治や経済に多大なる影響を及ぼしている。この存在が華僑《かきょう》と呼ばれているのはご存じの通りだ。

だが、当の中国内部では、**ユダヤ人が〝本家〟の華僑さながらにコミュニティを形成しているの**という。

一千年以上経って「祖国の文化」に合流した開封のユダヤ人

中国におけるユダヤ人の歴史は古く、一説によれば、紀元前6世紀のバビロン捕囚後、インド北西部から入り込み、唐の時代には中国全土にまで広がっていったといわれている。

彼らは、一度は迫害を受けたが、その後の宋の時代には、現在の江南省開封市《こうなんしょうかいほうし》にコミュニティを構築したようだ。そして**現在でも、開封とその周辺には、数十万人のユダヤ人が暮らしている**という。

もっとも、中国人との混血がすすんでいるため、その外見は中国人と大差ない。逆にいえば、それほどにまで、中国に溶け込んでいるのだ。

開封のユダヤ人たちは長きにわたり、世界と隔絶されていたため、その存在は広く知られていなかった。だが、17世紀のはじめ、イタリア・イエズス会の司祭マテオ・リッチが開封出身のユダヤ人に出会ったことをきっかけに、開封にユダヤ人の会堂であるシナゴーグがつくられる。

一説によれば、その後、当地をユダヤ人が訪れるようになり、**開封のユダヤ人はユダヤ文化の主流に再び〝合流〟**したといわれている。

受難を乗り越えるための〝受け皿〟になった中国

開封だけではない。1932年に満州国が建国されるまで、**ハルビンは中国におけるユダヤ人の拠点のひとつ**で、1万5000人が暮らしていたという。

当時は、反ユダヤ主義がこの日本にも蔓延していた時代であったが、同時に、**満州国発展のためにユダヤを利用するべきだ**という主張もあった。

のちに満州経済界を牛耳ることになる日産コンツェルンの総帥、鮎川義介《あゆかわよしすけ》は、アメリカのドイツ系ユダヤ人5万人を受け入れることで、ユダヤ資本を呼び込むことを画策した。

これに日本陸軍が同調、ユダヤという〝毒〟を調理することで、うまい料理をつくる＝利益を得るという**「フグ計画」**が発動した。

その後、日本がユダヤ人排斥に固執するナチス・ドイツと手を結んだことで、この計画は空中分解する。

だが、「フグ計画」の推進者である安江仙弘《やすえのりひろ》陸軍大佐のユダヤ人と共闘する姿勢は、変わることはなかった。

実は上海にも、ナチスに追われた2万5000人ものユダヤ人が疎開しており、彼らの重要な拠点になっていたという。その意味で第二次世界大戦中の中国は、**ユダヤ人が受難の時代を乗り越えるための、〝受け皿〟**でもあったようだ。

バビロン捕囚の時代から数えれば、実に約2500年。かくも長き時間を費やして、ユダヤ人は中国に入り込んでいったのだ。

これは筆者の推論だが、第二次世界大戦中に中国に渡ったドイツ系ユダヤ人が、中国に溶け込んだユダヤ人と合流したことで、その後の中国の運命は変わってしまったのではないだろうか？

かつて、鎖国時代の日本と同様に閉鎖的であった中国に溶け込んでいたユダヤ人たちは、己の〝運命〟に気づくことなく暮らしていた。

だが、世界各地で陰謀を働く同胞を知る**ドイツ系ユダヤ人と接触したことで、中国に四散したユダヤ人たちも、「ユダヤの運命」に覚醒した**と考えられるのだ。

第二次世界大戦後の中国は、1949年、社会主義国家である中華人民共和国を建設し、文化大革命を経て、現在に至る。

ここで思い出してほしいのが、中国と同じように社会主義を推進したソビエト連邦の存在である。

アメリカと対抗しうる一大国家を形成しながらも崩壊した**ソ連の実体が、ユダヤ人の野望を成就させるためにつくりあげた国**であったことについては、既述した通りだ。

アメリカを思い通りにしながらも、対抗するソ連をユダヤ人たちが擁立した最大の理由は、**国際的対立構造が〝金になる〟**からである。

東西冷戦では、米ソの直接対決こそなかったが、地域紛争という名の代理戦争は幾度となく繰り返された。そして、けん制し合うための軍備競争が加速し、莫大な予算が軍事費につぎこまれた。

これによって、**ロスチャイルドやロックフェラーをはじめとするユダヤ系財閥がどれほど潤ったか――**。

そう考えると、今日生まれつつある米中の対立構造も、結局は東西冷戦の〝再現〟にすぎないように見えてこないだろうか。

6章

日本人とユダヤ人をつなぐ「2人の救世主《メシア》」とは

——「預言された終末」が現出するシナリオ

禁断の『死海文書』が暗示する驚くべき事実

名だたる重要機関の上層組織に入り込み、ユダヤ人はこの世界を裏から操ってきた。

だが、彼らの行為には彼らなりの〝大義〟がある。

それは、彼らの〝王国〟に新たなる神殿＝**第三神殿**を建設することであり、**預言された終末**を現出させることである。

そのために待ち望まれるのが**救世主（メシア）**なのだ。しかし、今もって姿を現わさない救世主とは、いったいどんな存在なのか？

この謎を解く鍵は、もうひとつの『旧約聖書』とも呼べる『**死海文書**』の中にある。

『死海文書』とは、イスラエルにある死海近くのクムランという町の洞窟で発見された聖書の断片や、約八百五十巻の写本を含む文書の総称で、ユダヤ教の一派であるエッセネ派に属していた**「クムラン教団」**によってつくられたとされている。

その『死海文書』には、「宗規要覧」という「世界が破局を迎えたときにユダヤ人がいかに振る舞うべきか」が書かれた規定があるのだが、まさにその中で「救世主（メシア）」の秘密が明かされている。

またおよそ律法の会議から離れて自分たちの心の頑《かたく》なままに歩んではならない。（そのときには）彼らは共同体の人びとが初めに教えられた第一のおきてによって審かれる、一人の預言者とアロンおよびイスラエルの受膏者《じゅこうしゃ》たちが現われる時まで。

（「宗規要覧Ⅸ」）

なんと**『死海文書』では、終末のときに救世主（受膏者）が2人も登場する**のだ。

アロンとは、ヤハウェの戒めの声（「十戒」）をシナイ山で聞いた**モーセの兄**で、彼自身も高貴な聖職者である。

ヤハウェの声を聞いたモーセが、自身の口下手に失望して民への伝達をしぶったとき、**モーセの介添え役としてヤハウェが指名したのがアロン**だった。

モーセはヤハウェの指示に従い、アロンにすべてを告げ、彼を随行してイスラエルの長老たちの前に出ると、アロンの口を介してヤハウェの「十戒」を語った。

アロンもまた、神の言葉を告げる能力者であり、メシアの資格を十分に有していたのだ。

そして、この**アロンの系譜を受け継ぐ者**こそ、『死海文書』を編んだとされる**クムラン教団**なのである。つまり、〝裏のメシア〟としてイスラエルのメシアを補佐することが、アロンのメシアの宿命だといえる。

✡ 現代の「アロンのメシア」はフリーメイソンの中にいる⁉

クムラン教団の母体であるエッセネ派は、ファリサイ派、サドカイ派、熱心党と並ぶ、ユダヤ教の派閥のひとつである。彼らは紀元前2世紀から紀元後1世紀にかけて、死海の北西沿岸で禁欲的な生活を送っていたとされる。

このエッセネ派のルーツは、ソロモン王の第一神殿やピラミッドの建造に関わった超秘密宗教結社**「セラピス教団」**だという。

「セラピス教団」は、紀元前3000年頃生まれたとされ、数学、測量術、建築、絵

死海近くのクムランの洞窟で発見された『死海文書』。
そこに記された「救世主の秘密」とは――

画、彫刻など、あらゆる分野で存在感を示した集団である。

この事実から思い出されるのは、**フリーメイソン**だ。メイソンの「原点」とも考えられる古代エジプトの石工集団とは、セラピス教団のことだったのではないか。

つまり、フリーメイソンは、アロンの血を継ぐクムラン教団と同じルーツを持つことになる。フリーメイソンとクムラン教団のメンバーが重なっていたりと、組織間につながりがある可能性が高いのだ。これは、メイソンの中にメシアがいる、あるいは、**メイソンそのものが今日におけるアロンのメシア**だとも考えられるだろう。

フリーメイソンがメシアだとすれば、彼らの行ないの原点には「神との契約」があるはずだ。もちろんそれは、**終末（ハルマゲドン）の演出と新世界の構築**である。

つまり、**フリーメイソンが目論む「世界統一政府」とは、『旧約聖書』における「神の国」のこと**だったのだ！

その実現のために、現在も彼らは着々と手を打っている。豊富な資金と人的資源を組織的に活用して、彼らは世界の政治に強い影響力を固持している。

実は、この驚くべき事実は、『死海文書』が登場を預言している、もう1人のメシア＝イスラエルのメシアがいかなる人物であるかを追求することで、一層明白になるのだ。

✡「イスラエルのメシア」は日本にたどりついていた⁉

イスラエルのメシアが誰であるかを探るためには、歴史から姿を消した**イスラエル十支族**の行方を探さなければならない。なぜならば、イスラエルのメシアは十支族と共に姿を消してしまったからだ。

紀元前９２６年、イスラエル王国が崩壊。ソロモン王の直系を支持するユダ、ベニヤミンの二支族が建国した南ユダ王国と、残る十支族が結束してつくりあげた北イスラエル王国の二国に分裂した。

このとき、**アロンのメシアは南ユダ王国に移り、イスラエルのメシアは十支族と行動を共にした**というのだ。

北イスラエル王国がアッシリア帝国によって滅ぼされると、十支族の民はイスラエルのメシアと共に帝国に連行され、行方がわからなくなってしまった。彼らは、いったいどこに姿を消してしまったのだろうか？

そのヒントは、アッシリア帝国を滅ぼした、スキタイ族という民族が握っている。

ここで注目したいのは、スキタイ族が遊牧騎馬民族であること、そしてイスラエルの十支族も遊牧民族であることだ。

もしも、生業を同じくする彼らが**秘密裏に同盟を結んでいた**としたら、内と外からアッシリア帝国を攻撃し、強大な帝国を崩壊させることができたのではないか。

そしてスキタイ族と共に戦ったイスラエル十支族の人々は、そのまま彼らに同化し、別の地へと旅立ったと考えられるのだ。

これは筆者の突飛な仮説ではない。実際にこの考えを裏づける記述が、『旧約聖書続編』の中に存在しているのだ。引用しよう。

あなたは、彼が別の平和な群衆を自分のもとに集めるのを見た
これはかの九つの部族のことである
彼らは、かつてのヨシヤ王の時代に、捕囚となって祖国から連れ出された民である
アッシリア王シャルマナサルは彼らを捕虜として連行し、川の向こうに移し、彼らはこうして他国に移されたのである
しかし、彼らは、多くの異邦の民を離れて、人がまだだれも住んだことのない地方に行こうと決心した。彼らは、それまでいた地方では守ることのできなかった掟を、そこで守りたかったのである
彼らはユーフラテス川の狭い支流を通って入って行った
その時、いと高き方は彼らにしるしを行い、彼らが渡るまで、川の流れをせき止められた
その地方を通り過ぎる道のりは長く、一年半に及んだ

その地方は、アルザルと呼ばれている

（「エズラ書」・ラテン語第13章39〜45節）

ここでいう九つの部族とは、イスラエルの十支族のことである。あるふたつの支族をひとつにまとめて数えているのだ。それよりも気になるのが、**十支族が遠いアルザルという地に向かったという記述**だ。

アルザルは、一般にはシルクロード上にある一都市とされている。東西を結ぶシルクロードが通商路として確立したのは、漢の武帝の時代（紀元前２世紀）である。しかし、商才にも恵まれたイスラエル人が、それ以前にこの道を利用して東に向かった可能性は高い。

実際、中国の漢の時代の石碑には、**中国各地にイスラエル人の居留地があった**ことが記されているのだ。

そして、このシルクロードの延長線上には日本がある。

実は、同盟を通してスキタイ族に同化した十支族が、シルクロードをたどってアジアへ向かい、**日本列島にたどりついた**という説があるのだ。

✡イスラエルの痕跡が示す〝日本とユダヤの意外な関係〟

日本の学者にもイスラエルの十支族の到来に注目した人物がいた。**「秦氏《はた》はユダヤ人である」**と主張した、明治時代の学者佐伯好郎《さえきよしろう》である。

秦氏とは、第15代応神《おうじん》天皇（紀元後3世紀頃）が在位した時代、日本へ渡来してきた氏族である。

驚くべきことに、一挙に約10万人がこの国に帰化したという記録が残されている。そして第21代雄略《ゆうりやく》天皇（紀元後5世紀後半）の時代に京都の太秦《うずまさ》に移住し、そこに定住したという。

秦氏の氏神を祀る京都の太秦広隆寺には、「伊佐良井《いさらい》」と呼ばれる井戸がある。これは**漢語で「イスラエル」**の意味である。

さらにこの寺の東隣には、大酒《おおさけ》神社がある。かつては大避（辟）、あるいは大闢神社と書いたが、「大闢」とは**漢語で「ダビデ王」**のことを意味するのだ。

そしてまた、秦氏ゆかりの地にある八坂神社には、**祇園祭**がある。**「ぎおん」**の音

日本三大祭のひとつ「祇園祭」は、
エルサレムの古名「シオン」に由来しているという

は聖都エルサレムの古名「シオン」に由来するともいわれており、ここにもイスラエルの影がある。

そればかりではない。イスラエルの痕跡は、天皇家に関する場所にもある。

古来より日本では、菊の花は高貴な花として尊ばれ、さまざまな種類の菊花紋が好んで用いられてきた。

しかし、**16弁の菊花紋**だけは、天皇家専用とされ、ほかの者が用いることは固く禁じられてきた。その16弁の菊花紋にそっくりの紋章が、聖都エルサレムの城門のひとつであるヘロデ門に刻み込まれているのだ。

これは、オスマン帝国時代の建造とされ、

ヘロデ門に刻み込まれた紋章。「天皇家の16弁の菊花紋」を想起させる

その名は、ヘロデ王の息子ヘロデ・アンティパスの住居が近くにあったことに由来する。

ヘロデ王は、ローマ帝国の時代に、ユダヤ王として専制政治を行なった人物だ。猜疑心が強く、妻子や縁者を殺し、イエスの誕生を恐れてベツレヘムの幼児を虐殺したとされる。そんなヘロデ王の墓から見つかった石棺にも、菊花紋の装飾が施されている。

さらに日本の天皇家とイスラエルとの結びつきが並のものでないことを物語るものとして、日本の神社の中心・**伊勢神宮**がある。

伊勢神宮は内宮《ないくう》と外宮《げくう》からなっている。

ヘロデ王の石棺にも菊花紋が！
日本とユダヤの結びつきの強さが見てとれる

そのふたつの宮をつなぐ参道のすべての燈籠《とうろう》に、**カゴメ紋**が刻まれているのだ。

カゴメ紋とは、いうまでもなく**六芒星**《ろくぼうせい》のことである。六芒星の別名は**ダビデの星**。イスラエル人にとっては、民族のシンボルともいえる印だ。事実、イスラエルの国旗には、六芒星が燦然《さんぜん》と光り輝いている。

さらに、天皇家に伝わる「三種の神器《じんぎ》」のひとつ、八咫鏡《やたのかがみ》の裏面には古代ヘブライ語で、「エイエ・エシェル・ルイエ」と記されているという。

その意味は、**「我は有りて有る者なり」**――すなわち『旧約聖書』にある、有名な**ヤハウェの言葉**である。

メシアはどちらが欠けても〝負の存在〟になる!?

イスラエルのメシアが日本に存在するのだとしたら、世界における日本の役割は重要である。

なぜなら、ユダヤ教では「ハルマゲドン（最終戦争）の日、神はすべてのユダヤ人を、再びひとつにまとめるであろう」と考えられているからだ。

つまり、ハルマゲドンの日が訪れ、世界は滅びのときを迎える。しかし、イスラエル十支族と二支族が再びひとつとなることで、世界は新しい局面を迎えることができるということである。

この**失われた十支族と二支族との再統一**は、民族の集結を意味するのと同時に、**2人のメシアが再び並び立つ**ことも意味しているはずだ。

既に書いたように、モーセとその兄であるアロンは、2人で1人のメシアであった。

つまり、アロンのメシアとイスラエルのメシア、その**どちらかが欠けても正しく機**

能しないのだ。だからこそ、再統一が必要なのである。

もう1人が欠けたままのメシアが、世界に対していかに邪悪な企みを行なうかは、近年のフリーメイソンの暗躍を見れば明らかだろう。

その〝マイナス〟を〝プラス〟に転換させるためにも、もう1人のイスラエルのメシアと合体させる必要がある。

それゆえ、『旧約聖書』は「失われた十支族を含むすべてのイスラエル人」の統一を預言するのだ。

日本人とユダヤ人は兄弟民族!? 驚愕の「日ユ同祖論」とは

イスラエルの十支族が日本を訪れていた――その可能性の〝裏づけ〟になる仮説が存在する。日本人と古代イスラエル人＝ユダヤ人が、共通の先祖を持つ兄弟民族であるとする**「日ユ同祖論」**だ。

この「日ユ同祖論」は、明治初期に貿易商として来日したスコットランド人のニコラス・マクラウドが最初に提唱、体系化したものだ。

キリスト再臨と千年王国の到来を説いた、日本ホーリネス教会の創始者、中田《なかだ》重治《じゅうじ》もこの説を支持。彼は、「日本民族は古代オリエントに栄えたシュメール人とヒッタイト、そしてユダヤの血が入り混じった末裔《まつえい》である」と主張した。

こうして花開いた「日ユ同祖論」によって、さまざまな〝証拠〟が提示されていく。

イスラエルの祭司職レビ（左）と日本の山伏（右）の服装には共通点が多い

たとえば、イスラエルの祭司職レビの服装は、白を基調に、ゆったりとしており、ときに頭に布製の小さな頭巾をかぶる。その姿はまさに、神道の神官や修験道《しゅげんどう》の山伏《やまぶし》と瓜ふたつなのだ。

また、ユダヤ教の過越《すぎこし》の祭――いわゆる新年の祭においても、多くの共通項がある。

ユダヤ教信者の家族は、日本の風習「年越し」と同じく、一睡もせずに夜を明かす。このときイスラエル人は、クラッカー状の平らな丸いパン「マッツァ」を食べ、そして、それを祭壇に供える。これが、日本の鏡餅の起源だといわれているのだ。

このように、日本と古代イスラエル人＝ユダヤ人を結びつける〝証拠〟は多様に存在する。

✡日本人の起源は「古代シュメール文明」にあった⁉

江戸時代には、**「日本人シュメール起源説」**がすでに語られていた。

シュメール人とは、世界最古の文明であったシュメール文明の担い手である。このシュメールの血を継ぐ者が、古代イスラエル人だといわれているのだ。

歴史を見る限り、最初に日本人の起源とシュメールをひも付けて考えたのは、オランダ人の医師**エンゲルベルト・ケンペル**だ。１６９０年９月、長崎の出島を訪れたケンペルは、２年の滞在期間中に日本のさまざまな情報を見聞きした。

その集大成として書き残したのが、**『日本誌』**である。

「日本には〝聖職的皇帝（天皇）〟と〝世俗的皇帝（将軍）〟、ふたりの皇帝が存在する」と紹介したことで知られている『日本誌』は、ケンペルの専門である医学から、政治や社会、風俗、動植物、さらに日本の神話に至るまで広く伝えるものだ。

本書は、当時のヨーロッパの知識人たちの間で広く流布し、日本を知るための貴重

日本人シュメール起源説を唱えたケンペル（左）と
彼の著作『日本誌』（右）

な資料となった。

そのケンペルの研究の中で異彩を放っているのが、**日本人の起源についての探求**である。ケンペルは言語とその特性が、民族の起源の手がかりとなるという信念のもと、日本人の起源を探っている。

だが、ケンペルは、日本語の起源を推測できるような隣接諸国との関連性はどこにも見いだせなかった。

そして、日本人は中国や朝鮮などの隣接国とは関係性がない民族であると結論した。そして最終的にたどりついたのが、日本人が古代シュメール文明を起源とするという「日本人シュメール起源説」なのだ。

ケンペルは、**皇祖神アマテラスオオミカ**

ミが住まう高天原《たかまがはら》が、古代バビロニアにあったと考えた。

そして、はるか西方の原郷にあるバベルの塔からわかれた原初の日本民族は、ほぼ直接、この日本にたどりついたため、異国の言葉と混じりあうことなく、その独自性を守りえたと主張したのだ。

ケンペルの「日本人シュメール起源説」が再び注目を集めたのは、大正の時代である。弁護士として活躍した**原田敬吾**が、シュメール人がこの国に渡来してきたのではないかという仮説にたどりついたのだ。

アマテラスオオミカミは古代バビロニア出身なのか——

実際、シュメールの太陽神ウトゥなどは、日本でも崇拝された痕跡があり、シュメールの創世神話と日本の神話には共通する点が多い。

さらに彼は、シュメールの王の装束と『古事記』におけるイザナギノミコトの服装が合致すること。日本の地名にシュメール系の言葉が多いこと。これらを論拠に、日本人シュメール起源説を展開した。

そして、チグリス・ユーフラテス川流域に広がるメソポタミア平原で日本人の祖先は生まれ、シュメールのすぐれた航海術をもって、この日本に渡ってきたとして、ケンペルの研究を進化させたのである。

『天孫人種六千年史の研究』を絶版にしたメイソンの目論見とは？

原田の研究に触発されたのが、彼が設立したバビロン学会の会員であった**三島敦雄**である。

三島は自著**『天孫人種《てんそんじんしゅ》六千年史の研究』**の中で、日本建国の大義をはたし、皇室の祖をなしたのは、シュメール人＝バビロニア系民族だと結論している。

たとえば、天皇を表わす「スメラギ」という日本語は、「シュメール」と彼らの神のひとつである「アグ」があわさったものだという説がある。三島によれば、天皇に関する古語のすべてが、シュメール語訳できるという。

さらに三島は、菊花紋章のモチーフの原点は朝日であり、新バビロニア王国などの

新バビロニア王国が建設した「イシュタル門」にも
菊花紋が使われている

遺跡にも共通するイメージが多く見られるということも指摘している。

だが、それ以上に興味深いのが、皇室に伝わる「三種の神器」にまつわるものがシュメールにもあるという主張である。

バビロン王ナブバラチンが奉納した額には、太陽神の前に日像鏡《ひがたのかがみ》（アマテラスオオミカミの姿をかたどったとされる鏡で、八咫鏡に先立ってつくられた）が見受けられるという。

実は、それを裏づけるような神話の共通性もある。**草薙剣**《くさなぎのつるぎ》は８つの首を持つヤマタノオロチを退治して得られたものだが、シュメールでも７つの首を持つ龍を退治して剣を得る神話があるのだ。だとすれば、**三**

種の神器はシュメールに降りたった神から授かったもの、という可能性も出てくる。

　彼の著書は大きな支持を集め、当時の日本で１００万部を超える大ベストセラーとなったが、戦後の日本を〝統治〟したＧＨＱによって、絶版にされてしまった。

　これはあくまで筆者の推論だが、アメリカは日本にいるメシアを〝守りたかった〟のではないだろうか？

　彼らは、ソ連や中国の横やりを許す前に、自らの手で日本を敗戦に導き、占領下に置いた。そして、フリーメイソンの一員であり、彼らの息のかかったマッカーサーを送り込んだのだ。

　そう考えると、天皇という存在を〝制度〟としてこの国に残すことが許されたのも、納得できるのではないか。

明治維新を裏で〝演出〟したユダヤの思惑

日本にイスラエルのメシアがいるのだとしたら、なぜユダヤ人たちは、なんらかの手を打とうとしないのか？

実は我々が気づいていないだけで、**日本はすでに彼らの手のひらの上にある**という陰謀論がある。彼らはこの国を裏側から操ることで、メシアがいる（あるいは生まれる）この国を〝実効支配〟しているのだ。

だとしたら、いつから、彼らの魔の手がこの国に伸びていたのだろうか？

第二次世界大戦に敗れ、彼らの使者であるマッカーサーが日本に降り立ったときだろうか？

なんと、それよりもずっと以前の江戸時代から、彼らはこの国に〝上陸〟していたのだ。

〝アロンのメシア〟フリーメイソンが強引に企てた日本の開国

鎖国政策を行なっていた日本を開国させたのが、時のアメリカ大統領ミラード・フィルモアの親書を持って日本を訪れた、東インド艦隊司令官のマシュー・ペリー提督であったことは、周知の事実だ。

だが、彼がニューヨークにある**フリーメイソンのロッジ「ホーランドNo.8」に属していた**ことはあまり知られていない。さらに、彼を遣わしたフィルモア大統領も、メイソンの1人である。

そう、アメリカ政府を裏側から牛耳っていたアロンのメシアであるメイソンが、ペリーをこの国に遣わしたのだ。

もっとも、日本に目をつけた理由は、灯りをとるのに使われた鯨油《げいゆ》を得るために、太平洋上の拠点が必要だったからとされている。

いずれにしても、圧倒的な海軍力を見せつけることで、強引に日本を開国へと導いたメイソンたちは、さらに奥深く日本の中枢へと分け入っていく。

✡明治維新の立役者グラバーの〝黒すぎる実体〟

次に彼らが狙ったのが、時の政府である江戸幕府の崩壊、つまり、明治維新の〝演出〟である。

明治維新は、坂本龍馬、西郷隆盛、木戸孝允《たかよし》などが行なった倒幕運動によって達成された。だが、その背後で彼らを支援していたのも、またフリーメイソンだったというのだ。

その先兵であったのが、長崎県のグラバー園にその名を残す**トーマス・ブレーク・グラバー**である。

グラバーは、ロスチャイルドの系列会社である**ジャーディン・マセソン商会**に所属しており、長崎に赴任した際、グラバー商会を設立した。

マセソン商会は、アメリカの南北戦争のときに武器商人として荒稼ぎをし、阿片《あへん》によって当時の中国を骨抜きにした悪徳商会である。

その代理人であるグラバーがまっとうな人間であるはずがない。表向きには生糸や

“幕末のヒーロー”として大人気の坂本龍馬。
しかしその背後には、とてつもなく黒い影が蠢いていた

茶を売買する一方で、倒幕派に武器や弾薬をもたらしていたのだ。このグラバーの手先として活動したのが、薩長同盟をなし遂げた**坂本龍馬**である。

この同盟は、当時グラバーから武器を買うことを禁じられていた長州藩のために、龍馬が武器を横流ししたことがきっかけで結ばれた。そして、この武器を手配したのがグラバーだったのだ。

それればかりではない。初代内閣総理大臣である**伊藤博文**もまた、グラバーの息がかかっていたのだ。

明治新政府は伊藤をはじめ、初代外務大臣の井上馨《かおる》、法制局長官の山尾庸三《ようぞう》、造幣局長の遠藤謹助《きんすけ》、鉄道庁長官の井上勝《まさる》ら、

長州藩出身の5人が中核となって先導された。

この5人はイギリスに密航留学した経験があるのだが、その橋渡しをしたのもグラバーだったという。そして、その留学費用の大部分を負担したのは、マセソン商会の代表である。

さらに、明治政府の近代化政策に協力した西周《にしあまね》は日本人初のフリーメイソンとして知られている。そして、西の盟友である津田真道《つだまみち》もメイソンになっている。

さらに、在英日本公使として日英同盟に調印した林董《はやしただす》もロンドンのメイソンのロッジでロッジマスターにまで上り詰めた人物である。そう、**日本最初の近代化は、ユダヤの息のかかった者たちによって達成されていたのだ。**

✡ 戦後もなお続く、メイソンと日本の〝蜜月関係〟

その後、急速に近代化を進めた日本は、同時に軍事力も増していき、日清戦争を経て、1904年、日露戦争に突入する。この日露戦争も、彼らが仕組んだことはすでに見た通りだ。

前述した通り、この日露戦争には、ふたつの目論見があったという。

ひとつは、日本に金を貸し付けることで、**巨万の富を得る**こと。

そしてもうひとつは、当時はフリーメイソン＝ユダヤのコントロール下になかった**ロシア帝国を弱体化させること**だ。結果、小国である日本が大国のロシアに勝利し、彼らの描いたシナリオ通りとなったのである。

だが、ここで誤算が生じる。日本がそのまま軍事国家への道をひた走り、やがて彼らのコントロール下から飛び出してしまったのだ。

日本が再び彼らのコントロール下に戻ってくるのは、第二次世界大戦によって敗戦国となってからだ。だが、この戦争も、しょせんは彼らの手のひらの上で起こり、そして終結した戦争である。

こうして日本の主導権を取り戻したユダヤ＝メイソンと日本の政治家との〝蜜月〟は続く。戦後最初の総理大臣である**東久邇宮稔彦王**《ひがしくにのみやなるひこ》**をはじめ、吉田茂、鳩山一郎といった歴代の首相もみなメイソンの一員**であった。近年では民主党政権時代の内閣総理大臣、鳩山由紀夫もフリーメイソンであることが知られている。

ここで改めて考えたいのが、イスラエルのメシアが日本にいることに、アロンのメシアであるフリーメイソンがいつ気づいたのかということである。

これはあくまで筆者の推測だが、おそらく、ケンペルの主張した「日本人シュメール起源説」によって、アロンのメシアたちは十支族の足取りをつかんだのだ。

それを記したケンペルの『日本誌』が、当時のヨーロッパの知識人たちによって支持されたことは既述した通りだ。その〝読者〟のなかに、メイソンの一員がいたとしても、なんら不思議ではないだろう。

2人のメシアが〝再会〟を果たしたとき、いったい何が起こるのか？

実は、ユダヤ人たちは〝それ〟を既定し、すでに新たな計画に着手している。

〝それ〟は、ここまで語ってきたどの陰謀よりもスケールの大きな、そして恐怖のプロジェクトである。しかも、それを完遂することで、彼らの〝悲願〟が果たせるのだという。

はたして、ユダヤが企む恐怖のプロジェクトとはいったい何か？　次項で、それを見ていこう。

ペンタゴン・レポートで明らかになった〝超選民的〟地球脱出計画とは⁉

環境汚染という病に侵された地球の近未来をシミュレートし、「急激な気候変動シナリオと合衆国国家安全保障への含意」と題された、通称**「ペンタゴン・レポート」**と呼ばれる極秘文書がある。

これは、米国防総省が独自の調査網を駆使し、２００３年に作成したものだ。

そこには、異常気象による資源不足から発展する、地域紛争の脅威などが書かれている。

さらに、８２００年前、現在の状況にきわめて近い温暖化と異常気象のあとに、突如として氷河期が到来していたことが明らかにされたのだ。

温暖化が進むと氷河が溶け、海流に異常が生じ、結果的に気温の急激な低下につながるという。そして、「スーパーストーム」と呼ばれる寒気の嵐が、地表を吹き荒れるようになるのだ。

つまり、このままいくと、バランスを崩した地球環境のため病気が流行し、温暖化が洪水や干ばつを引き起こし、食糧危機が訪れ、紛争が頻発。そして、そのはてに氷河期が訪れるという未来がくるかもしれないということだ。

極秘文書が告げる不気味な未来予想図が現実となったとき、我々は生き残ることができるのだろうか？

NASAは〝第2の太陽〟の創造を目論んでいる⁉

この危機を回避するため、**ユダヤが巣食うNASA**は不気味な動きを見せている。

2010年2月3日、NASAは土星探査機カッシーニによる土星探査ミッションを、2017年5月まで延長することを発表した。

この発表を聞いたとき、筆者の脳裏には、ロサンゼルス在住のジャーナリストであるショーン・ヤマサキから入手していた、ある情報がフラッシュバックした。

なんと、カッシーニは表向きのミッションとは別に、〝ダーク・ミッション〟を担っているというのだ。

それは、カッシーニを土星に突入させて、搭載する「プルトニウム２３８」の核爆発によって水素に核融合の連鎖反応を引き起こし、土星を自らの力で輝き続ける**「第2の太陽」**にするという、荒唐無稽な計画である。

ヤマサキによれば、この恐るべき計画の名は、**「プロジェクト・ルシファー」**という、30年以上前から準備が進められていたという。

最初にこのミッションを託されたのは、１９８９年10月18日にスペースシャトル「アトランティス」から打ちあげられた**木星探査機ガリレオ**だった。木星もまた、「第2の太陽」の候補星なのだ。

一説によれば、木星はわずかながら内部に熱源を持ち、熱核反応を起こしているという。そこに目をつけたＮＡＳＡは、２００３年9月21日、**ガリレオを木星に突入**させた。搭載プルトニウムを引き金に核分裂連鎖反応を誘発させ、木星の恒星化を試みたのである。

いったい、なぜ、NASAはこんなことをしているのだろうか。

ペンタゴン・レポートにもあった通り、近い将来、地球は氷河期を迎える可能性が高まり、地球環境は日を追うごとに悪化している。

そのため、地球外への人類移住が計画されているという。

その核となるのが、「第2の太陽」である木星とその衛星4つによる、**もうひとつの太陽系――「木星系」への移住**だったのだ。

荒唐無稽な話だが、ガリレオ突入が契機となって、木星で環境激変が起きている。

つまり、計画は〝現在進行形〟で進められているのだ！

悪魔の選民移住計画「プロジェクト・ノア」

木星の太陽化計画が成功した場合、木星の衛星エウロパやタイタン、さらに、もっとも地球に環境が近いとされる火星も移住先として考えられているようだ。

だが、これらの星が居住可能に〝開拓〟されたとしても、根深いユダヤ人の選民思想がある限り、移住できる人間の数は限られているだろう。

実際、火星やエウロパ、タイタンへの移住を目標とした**「プロジェクト・ノア」**という計画も、秘密裏のうちに準備されているという。

これらの星はいずれも地球から近く、**人為的な環境変化「テラフォーミング（地球化）」**を実現できれば、人類が移住できる可能性が高いと見込まれている。

だが、問題は山積みだ。

そもそも、人類は月までは有人飛行を成功させているものの、他の惑星での活動の経験はない。もっとも、そうした〝経験不足〟を補うための緊急避難施設も用意されている。

「サイトR」と呼ばれるこの地下施設は、表向きはシェルターとされているが、実際には、地球外惑星への移住ミッションの研究所だという。

おそらく、**アメリカが京都議定書から離脱した理由**はここにある。彼らは、地球温暖化を食い止めることは不可能で、人類全員が生き残ることなどできないと判断していた。そうでなくとも、世界自然保護基金（ＷＷＦ）の見解によれば、増え続ける人口を支えるには、少なくとも地球がもうひとつ必要だという。

当然ながら、この太陽系にもうひとつの地球を〝創る〟ことは容易ではない。だからこそ、〝選民思想〟に満ちた**「現代版ノアの方舟」**計画を進めているのだ。

もちろん、移住計画に〝参加〟できるのは、ユダヤ人とごく限られたエリートだけだろう。そう、ほとんどの人類は、切り捨てられてしまうのだ。

✡ユダヤの巣食うNASAで進行中の〝極秘情報〟とは

だが、どこへ移住するにせよ、スペースシャトルの搭乗員よりもはるかに多いであろう「選ばれた民」を運ぶには、惑星間飛行が可能な巨大な宇宙船が必要である。

その存在を裏づけるリーク情報が、実際にあるのだ！

世界的に有名なハッカー、**ゲイリー・マッキノン**がNASAのジョンソン宇宙センターの機密ファイルの中で発見した情報によれば、**アメリカは300人乗りのシャトル型宇宙船や巨大UFOを複数所有している**という。

これによって、**「ソーラー・ワーデン（太陽系の監視人）」**という、別の極秘プロジェクトの存在も浮かびあがってきた。

これは、１９８０年代からアメリカが進めているもので、限られたエリートを地球から脱出させる計画だという。のちに、サッカー・スタジアム２個分の巨大ＵＦＯを８機、小型ＵＦＯは43機所有していることも判明した。

しかし、仮に移住先が火星であったとしても、今の火星は人類が住みやすい惑星とは言えないだろう。

ところが不気味なことに、現在、火星でも温暖化が進み、わずか２年間で極点の氷のおよそ50パーセントが氷解しているのだという。

火星の異変はそれだけではない。１９７０年代半ばから１９９５年にかけて、**火星に大量の雲が発生。大気密度が2倍に**なっているのだ。だが、これらの原因については、ＮＡＳＡはいまもって明らかにしていないのだ。

もしも、こうした急激な変化が人為的なものであったとしたら、どうだろうか。

もしかすると、火星は今まさに、ＮＡＳＡ＝ユダヤ人によって人類が住みやすいように改造されているのかもしれない。

『ヨハネの黙示録』が語る〝終末後の世界〟

「世界最終戦争」が行なわれるという**ハルマゲドンの地**。

ここは正確には『旧約聖書』に何度も登場する「メギドの丘」を指している。

「メギドの丘」とは、モーセの後継者ヨシュアが約束の地カナンへ行った際に、カナンの王に勝利した場所であり、ソロモン王が要塞として重んじた場所である。

つまり、ユダヤ人にとって「ハルマゲドン」は特別な意味を持っているのだ。

彼らの選民思想によれば、世界が滅びのときを迎える際に最後まで生き残るのは、ユダヤ人ということになる。だからこそ、彼らは最終戦争を引き起こそうとしているのではないか。


だが、彼らはもはやハルマゲドンを引き起こそうなどとは考えていないのかもしれない。なぜならば、彼らがハルマゲドンを現出するまでもなく、環境問題などによって、この地球は終わりのときを迎えるかもしれないからだ。

ただし、仮にそうなった場合、ユダヤ人が焦がれるエルサレムの地も失われてしまう。

しかし、それもまた、彼らにとっては〝想定内〟だと考えることができる。終末を〝預言〟していることで知られている**『ヨハネの黙示録《もくしろく》』**に記されたハルマゲドン後の世界に、こんな興味深い記述があるのだ。

わたしはまた、新しい天と新しい地を見た
最初の天と最初の地は去って行き
もはや海もなくなった
更にわたしは
聖なる都、新しいエルサレムが
夫のために着飾った花嫁のように
用意を整えて、神のもとを離れ、

天から下って来るのを見た

（『ヨハネの黙示録』第21章より）

この記述は、地球そのものが別天地として生まれ変わってしまうというものだ。そこは「夜もなく、悲しみもなく、苦しみもない」世界であり、その新しい天と地へ誘うのが、天から降りてくる聖なる都「新しいエルサレム」なのだという。

これを人類移住計画と照らし合わせたらどうだろう。

新しい天と地とは、地球を離れた別の惑星。そして、天から降りてくるエルサレムとは、そこへと向かう宇宙船と考えられるだろう。

もしかすると、人類移住計画とは、かつて彼らが味わった「出エジプト」と同義なのかもしれない。だとすれば、彼らの向かう先は、神との〝約束の地〟であり、〝新しいエルサレム〟となるはずだ。そして、ユダヤ人が待ち望んだ「世界統一政府」が成就されるのだ。

実は、ここ数年でこうした情報が漏れ伝わるようになったのだが、それはなぜか。

これは筆者の推論にすぎないが、彼らの**準備が整った**のではないか。もしかしたら、今後のヨベルの年にもたらされる〝実り〟とは、ユダヤ人によるユダヤ人のための移住計画が結実することなのかもしれない。

はたして、そのとき、我々の運命はどうなるのだろうか？

気になるのは、**この世界の混乱を救う役目を負ったメシアの1人、イスラエルのメシア**の存在である。

終末のときが近いのだとしたら、イスラエルのメシアはこの日本で生を受けているはずだ。もしかしたら、その存在によって、我々日本人の未来にも一筋の光明がもたらされるかもしれない。

預言が真実か否か、あと少しでわかる――。

【参考文献】

『聖書　新共同訳　旧約聖書続編つき』（日本聖書協会）／『新共同訳　聖書辞典』木田献一、和田幹男監修（キリスト新聞社）／『旧約新約　聖書時代史』山我哲雄、佐藤研著、『旧約新約　聖書大事典』（以上、教文館）／『復刻　死海文書　テキストの翻訳と解説』日本聖書学研究所編（山本書店）／『世界史年表・地図』亀井高孝他編（吉川弘文館）／『山川　詳説世界史図録』小松久男他監修（山川出版社）／『コンサイス外国人名事典』三省堂編修所編（三省堂）／『日本とユダヤ　運命の遺伝子』久保有政著、『ユダヤ教の本―旧約聖書が告げるメシア登場の日』（以上、学習研究社）／『旧約聖書の誕生』加藤隆著、『ユダヤ陰謀論の正体』松浦寛著（以上、筑摩書房）／『ロスチャイルドの密謀』ジョン・コールマン、太田龍著（成甲書房）／『検証　陰謀論はどこまで真実か』ＡＳＩＯＳ、奥菜秀次、水野俊平著（文芸社）／『世界の陰謀論を読み解く―ユダヤ・フリーメイソン・イルミナティ』辻隆太朗著（講談社）／『日本＝ユダヤ陰謀の構図』『ユダヤ・キリスト教の陰謀』赤間剛著（以上、徳間書店）／『現代人のためのユダヤ教入門』デニス・プレガー、ジョーゼフ・テルシュキン著、『創世記Ｉ』ミルトス・ヘブライ文化研究所編（以上、ミルトス）／『わかるユダヤ学』手島勲矢著（日本実業出版社）／『ユダヤ人、世界と貨幣―一神教と経済の４０００年史』ジャック・アタリ著（作品社）／『ユダヤの真実―打たれ強い奇跡の民』副田護著（マイウェイ出版）／『図説　ユダヤ教の歴史』市川裕編著、『ユダヤ人の歴史』レイモンド・Ｐ・シェインドリン著（以上、河出書房新社）／『カール・マルクスの生涯』フランシス・ウィーン著（朝日新聞社）／『世界の見方が変わる「陰謀の事件史」』グループＳＫＩＴ著、『日本人が知らない！　ユダヤの秘密』佐藤唯行著（以上、ＰＨＰ研究所）／『シオン賢者の議定書―ユダヤ人世界征服陰謀の神話』ノーマン・コーン、内田樹著（ダイナミックセラーズ）／『死海文書入門』ジャン＝バティスト・アンベール、エステル・ヴィルヌーヴ著（創元社）／『図解　旧約聖書』池上良太著（新紀元社）／『私家版・ユダヤ文化論』内田樹著（文藝春秋）

本書は、本文庫のために書き下ろされたものです。

世界《せかい》を動《うご》かすユダヤの陰謀《いんぼう》

著者　並木伸一郎（なみき・しんいちろう）
発行者　押鐘太陽
発行所　株式会社三笠書房
〒102-0072 東京都千代田区飯田橋3-3-1
電話　03-5226-5734（営業部）03-5226-5731（編集部）
http://www.mikasashobo.co.jp
印刷　誠宏印刷
製本　ナショナル製本

 ISBN978-4-8379-6796-5 C0130

王様文庫